AF358961

$$\frac{22}{509}$$

Andres

C

LETTRES

EN FORME

DE REQVESTE CIVILE,

Pieces & Memoires,

Touchant la cauſe de la Baronnie d'Andres,

Pour la Reyne Mere du Roy.

Contre Meſſire Charles Hypolite de Spinola Comte de Broüay, Gouuerneur de l'Iſle en Flandres.

1662.

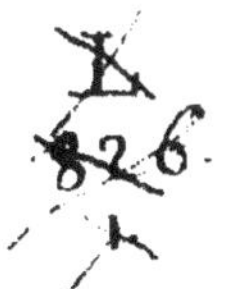

LOVIS PAR LA GRACE DE DIEV, ROY DE FRANCE ET DE NAVARR: A nos amez & feaux Conseillers, les Gens tenans nostre Cour de Parlement, SALVT. Le Procureur General de la Reyne, nostre Tres-honorée Dame & Mere, Nicolas Roger, Conseiller en nos Conseils, & en nostre Cour des Aydes; Nous a, audit nom, remontré qu'en l'année 1346, les Villes & Comtez de Guines, Calais, Oye, & Merly furent conquises par Edoüard II. d'Angleterre, & qu'en l'année 1360, par le Traitté fait à Bretigny prés Chartres, entre ledit Roy d'Angleterre, & Charles lors Dauphin & Regent en France, depuis confirmé par le Roy Iean son Pere, Lesdites Villes & Comtez furent cedez audit Roy d'Angleterre, lequel en consequence en a joüy paisiblement, ainsi que ses Successeurs, pendant l'espace de deux cens ans, jusques à ce que le Roy Henry II. conquist de nouueau ledit Païs, en l'année 1557, & vsant du droict de sa conqueste, donna à cens toutes les terres dudit Païs, lesquelles en consequence se trouuent encore à present, toutes tenuës de nous seul, en directe & en roture, par des personnes de toute sorte de conditions, & par les principaux du Païs, à la reserue de ce qui fut donné en Fief, à vn seul Gentilhomme appellé De Mouchy, pour auoir rendu notable seruice en ladite conqueste. Si bien que les Roys nos predecesseurs ont joüy paisiblement depuis ledit temps, & en la forme cy-dessus representée, des Domaines dudit Païs, sans aucune mention ny apparence de Comté de Guines, de Calais, d'Oye, ou de Merly, ny des Baronnies & des Pairies qui en dependoient autrefois, ny d'aucun autre Fief en tout led. Païs. Au contraire la face dudit Païs, dans ce nouuel establissement, a esté tellement changée, qu'au lieu que le Siege d'Ardres estoit autrefois * le principal Siege du Comté de Guines, où se faisoient ordinairement les Assemblées des douze Barons, & des douze Pairs dudit Comté, & dont les Officiers connoissoient de la Iustice & Police dudit Païs; Le Siege de la Iustice dudit Païs reconquis a esté estably à Calais, & l'on a donné, au Chef d'iceluy, vn Titre tout extraordinaire & singulier, sçauoir est de President & Iuge general, qui connoist des affaires concernant le village, qui fut autrefois la forte ville, de

A ·

Guines, & d'vne partie des Parroiſſes qui furent dudit Comté de Guines, dont les autres ſont demeurées au Siege d'Ardres, d'autres au Siege de Bologne.* Et au lieu qu'autrefois la Couſtume de Bologne eſtoit obſeruée audit Païs, depuis cette nouuelle conqueſte des Roys nos predeceſſeurs, ils ont donné aux Habitans dudit Païs, de nouuelles Loix, & vne nouuelle Couſtume conforme à celle de Paris, & bien differente de celle de Bologne. Et en l'Aſſemblée des Eſtats dudit Païs, qui fut conuoquée par le Sieur Preſident Briſſon, Commiſſaire deputé par le Roy Henry. III. pour la redaction de ladite Couſtume de Calais, où tous les Nobles & autres du Païs furent appellez, il n'y eſt fait mention d'aucun Baron, d'aucun Pair, ny meſme d'aucun Fief, ſinon de ceux dudit De Mouchy ſeul. Au contraire Girault de Gourdan, Cheualier de noſtre Ordre, & Gouuerneur de Calais & du Païs reconquis, auroit comparu à cauſe des Terres qu'il tenoit de nous en cenſiue, ſituées és Parroiſſes de Saints Tricars, Marq, Oye, & vieille Egliſe. Antoine d'Eſtrée auſſi Cheualier des Ordres, Gouuerneur & Seneſchal de Bologne, comparut à cauſe des Terres qu'il tenoit de nous en cenſiues, ſituées en la Parroiſſe de Coquelles. Iſambert De Boſts, Sieur de Martigny, Gouuerneur de la ville d'Ardres, à cauſe des Terres qu'il tenoit en cenſiue au village de Pihan. Gedeon de Callone, Sieur de Courtebourne, qui ſe trouue deſcendant de l'vn des douze Barons de Guines, qui furent au temps paſſé, comparut à cauſe des Maiſons & Terres qu'il tenoit en cēſiue audit Païs, ſans aucune proteſtation ny pretenſion de Baronnie. Oüdart Du Bies, Sieur de Harle & pluſieurs autres, comparurent à cauſe des Terres qu'ils tenoient de nous en cenſiue, ſizes en la Parroiſſe d'Andres, & entr'eux Baptiſte Tryon, qui s'eſt dit Sieur de la Mothe, & non pas Baron de la Mothe lés Andres. * Barthelemy Palliot, à cauſe des Terres qu'il tenoit de nous en cenſiue dans la Parroiſſe d'Hermelinghen, où eſtoit autrefois l'vne de ces douze Baronies. Pareillement, en ladite Aſſemblée, & en la ville de Calais, pardeuant le Preſident & Iuge general dudit lieu, lequel eſtoit commis conjointement auec ledit Sieur Preſident Briſſon, comparurent, entre les Deputez des Parroiſſes dudit Païs, Ceux des Parroiſſes d'Andres, de Balinghen, d'Hermelinghen, & de Fretum, où furent autrefois cinq deſdites Baronnies, parce qu'il y en auoit deux en la Parroiſſe d'Andres, l'vne appartenante à l'Abbé dudit lieu, dont l'Abbaye eft efteinte & fupprimée, auffi bien que la Baronnie, par ce grand laps de temps, & par ces grands changemens; Et l'autre s'appelloit la Baronnie de la Mothe lés-Andres, ou Andrefen, qui eftoit en 1275. tenuë (à ce que l'on pretend) par vn Gentil-homme appellé Baudoüin de la Mothe, dont on dit que le Sieur de Renty, duquel le Marquis de Spinola a efpoufé l'Heritiere, auoit les droicts en l'année 1583. toutesfois ledit de Renty, ny ledit de Spinola, n'ont point comparu en ladite Affemblée, ny témoigné aucune pretention de renouueller cét ancien titre de Baronnie efteint depuis trois fiecles, ny de contefter le nouuel Ordre & les nouuelles Loix qu'vn Roy conquerant auoit données audit Païs. Et à l'égard des Officiers, ayant efté protefté, de la part des Baillif & Lieutenant general de Boulogne, que ladite conuocation ne pût nuire ny prejudicier à leur droict de Iurifdiction: Il fut refpondu, par noftre Procureur audit Siege de Calais, que cette proteftation eftoit friuole, parce qu'il n'y auoit aucuns appellez qui ne fuffent notoirement du Reffort, Iuftice & Territoire du Païs reconquis. Et à l'égard des Officiers d'Ardres, ils ne firent aucune proteftation, parce qu'ils fçauoient bien ne pouuoir détruire ce nouuel eftabliffement, quoy qu'ils euffent peut-eftre perdu de leur ancien Reffort. Mais, pour tâcher d'en recouurer vne partie par des voyes artificieufes, Ils fe font auifez, de temps en temps, de faire quelque conuocation des anciens Barons, par fiction, & en donnant deffaut contre eux, dont ils ont fait Regiftre en 1561, & en deux ou trois années fuiuantes. Ce qu'ils ont depuis ceffé de faire jufqu'en 1597. qu'ils s'en auiferent, par vne penfée déloyale & contre noftre feruice, parce qu'alors ladite ville d'Ardres eftoit en la puiffance du Roy d'Efpagne, & le Marquis de Spinola, qui commandoit fes Armées des Païs-Bas, fe voyant à la veille du Traitté de Veruins, qui fut figné au mois de Mars 1598, & dont les pouuoirs auoient efté expediez dés le mois de Ianvier audit an, il fe prepara les voyes de reffufciter cette ancienne Baronnie de la Mothe lés-Andres, dont il pretendoit auoir droict, à caufe de la Dame de Renty fon efpoufe. Ce que lefdits Officiers d'Ardres fauoriferent, &, quoy que notoirement incompetens, parce que la Parroiffe d'Andres, où fut autrefois ladite Baronnie, n'eft point de leur Reffort; Toutefois, le 18. Octobre 1596, ils donnerent Sentence par laquelle ils receurent la Dame de Renty, femme du Sieur de Spinola, à releuer cette pretenduë

A ij

Baronnie , d'vn noſtre pretendu Comté de Guines , en payant les droicts & amendes des ſuſdits deffauts de n'auoir comparu aux conuocations de 1561, & 1562. Et parce que cét Acte eſtoit vne nouueauté prejudiciable à nos droits, & qui tiroit à conſequence, non ſeulement pour ladite Baronnie , mais pour les autres Baronnies de meſme qualité , ainſi que pour les Pairries , & autres Fiefs qui pouuoient auoir ſubſiſté auparauant le changement dudit Comté de Guines , * ce qui emporteroit tout noſtre reuenu , & tous nos droicts du Domaine de Calais, & Païs reconquis:Et parce que depuis 300. ans, au moins , il ne s'eſtoit point veu d'Acte ſemblable, & ne s'en eſtoit peut-eſtre jamais veu : Leſdits Officiers d'Ardres, pour colorer leur entrepriſe, adjoûterent, en la preface de leur Sentence,que depuis long-temps ledit de Spinola, ou ladite de Renty & ſes predeceſſeurs deſiroient nous rendre leurs deuoirs, mais qu'ils n'auoient pû, parce que le Comté de Guines eſtoit en la puiſſance des Ennemis. Ce qui eſt vne pure illuſion contre la verité de l'Hiſtoire, d'autant que ſi, par le mot d'Ennemis, ils ont entendu parler des Anglois, il y auoit 40. ans que le Païs où fut autrefois le Comté de Guines , & les Fiefs qui en pouuoient releuer, eſtoit ſur eux reconquis. Et s'ils ont entendu parler des Eſpagnols, la guerre n'auoit commencé qu'en 1588. Ioint que cette guerre n'empeſchoit point leſdits de Renty , de nous rendre leurs deuoirs, puis qu'ils ſe diſoient nos Vaſſaux & Subjets. Et ainſi cette mauuaiſe couleur de ladite Sentence fait voir l'infidelité de noſdits Officiers ; & ce qui la juſtifie encore plus clairement, eſt que le premier Aouſt 1597, leſdits Officiers qui,depuis 1564,auoient ceſſé les ſuſdites côuocations,s'auiſerent d'en faire vne nouuelle, où ils conuoquerent ledit de Spignola, comme heritier, à cauſe de ſa femme, d'Oüdart de Renty, lequel fit deffaut en cette premiere année, pour raiſon dequoy ils le condamnerent en l'amende, afin d'auoir vn pretexte de ſaiſir feodalement cette Baronnie chimerique. Et en l'année ſuiuante, & à meſme jour, il comparut par Procureur , auquel on accorda delay de trois mois, pour rendre les deuoirs, & payer les droicts ſeigneuriaux, à Nous ſuppoſez deubs, & cependant leſdits Officiers ordonnerent que ladite ſaiſie imaginaire tiendroit ſur ledit de Spignola, lequel ne jouïſſoit point, n'y aucun Fermier pour luy. Auſſi cette ſaiſie n'eſt-elle point rapportée, & ſe trouuera auſſi peu effectiue que la Baronnie. Mais leſdits Officiers ont bien fait pis ; car le 14ᵉ Ianvier 1599, ils ont donné, audit de Spignola, main-leuée par prouifion de cette faifie fuppofée, en nous faifant les deuoirs. Et ce fous pretexte du Traité de Paix fait à Veruins, comme fi la guerre pacifiée par ce Traité, auoit efté la caufe que ledit de Spinola, ny fes autheurs, n'euffent pas rendu lefdits deuoirs, depuis vn temps immemorial. Par vne fuite de cette furprife, ladite de Renty, efpoufe dudit de Spinola, vint à Paris en 1603. & en vertu de Procuration de fon mary, nous rendit foy & hommage és mains du Chancelier de France ; & fous pretexte de cét hommage, le 10 Iuillet de la mefme année 1603, fut paffé, en noftre Cour de Parlement, vn Arreft d'appointé, & du confentement de noftre Procureur general, auec ladite de Renty, par lequel, veu le Traité de Paix, & veu les fufdites conuocations & Sentences, qui fuppofoient vne faifie feodale fur vn poffeffeur réel, & fur vn eftranger, qui n'auoit plûtoft pû rendre fes deuoirs, main-leuée luy fut accordée des fruits écheus depuis l'Acte de foy & hommage , * & l'on gliffa vne claufe, que ledit de Spinola feroit mis en poffeffion de ladite pretenduë Baronnie. Ce qui juftifie la furprife, & qu'il n'auoit aucune poffeffion ; car, en cas de main-leuée d'vne faifie feodale, il n'eftoit point befoin de mife en poffeffion, ny qu'vn Confeiller de noftredite Cour fe tranfportaft à cét effet fur les lieux, comme l'on a affecté de pratiquer en cette rencontre. Laquelle furprife ayant efté découuerte par le Sieur Mangot, Maiftre des Requeftes de noftre Hoftel, & Intendant de Iuftice audit Païs reconquis, il n'auroit manqué d'en donner aduis au Sieur de la Guefle noftre Procureur general, lequel auffi toft efcriuit à fon Subftitut au Siege d'Ardres, qu'il eut à s'oppofer à l'execution dudit Arreft, & empefcher la mife de poffeffion dudit de Spinola, comme auffi à ceffer les fufdites conuocations de Barons, lefquelles eftoient tres-prejudiciables à noftre feruice, auquel ce grand Perfonnage eftoit dignement & fidellement attaché. * Ce que ledit de Spinola ayãt appris, il furcit l'execution dudit Arreft pendant fept années entieres, au bout defquelles ledit de Spinola, s'imaginant que noftredit Procureur general auroit oublié l'auis de cette furprife ; Il fit tranfporter le Sieur le Maiftre de Bellejambe Confeiller en noftredit Cour, fur les lieux, pour le mettre en poffeffion de cette pretenduë Baronnie, & à mefmes fins, il fit affigner noftredit Procureur general, lequel auffi-toft, & par vne feconde miffiue efcrite à fondit Subftitut,

* *De 1603.*

* *Cette lettre eft cy-apres & digne d'eftre leuë plus d'une fois.*

luy donna charge de comparoir à ladite affignation, & de s'oppofer formellement à la fufdite mife de poffeffion. Ce qui fut fait, en
l'année 1610, & en confequence ledit Sieur de Bellejambe ren-
uoya les parties en la Cour. Depuis lequel temps ledit de Spinola
defefpera de pouuoir jamais faire reüffir cét artifice, & abandon-
na cette affaire, en vn temps de Paix, qui a duré plus de vingt-cinq
ans. Son fils pareillement luy a fuccedé en tous fes biens, & de
ladite de Renty fa mere, fans reprendre cette pourfuite. En 1661.
feulement, Charles Hypolite de Spinola, Comte de Broüay, &
Gouuerneur de l'Ifle en Flandres, petit-fils defdits de Spinola &
de Renty, s'eft aduifé, fous pretexte du nouueau Traité de Paix,
de faire vne nouuelle tentatiue; Et à cét effet il s'eft adreffé à nos
Commiffaires deputez fur la frontiere de Picardie, pour l'execution du Traité de Paix, lefquels ont reconnu que fa pretention
n'auoit rien de commun auec le Traité, parce qu'elle eftoit beaucoup plus ancienne que la declaration de la Guerre, & que la fufdite oppofition eftoit pendante pardeuant Vous, depuis l'an 1610.
c'eft à dire perimée & abandonnée. Ce coup luy ayant manqué,
il a eu recours au feu Comte de Fuenfaldagne fon parent, Ambaffadeur extraordinaire d'Efpagne, à la priere duquel, & fur ce que
ledit de Spinola nous a fupofé que la Baronnie de la Mothe d'Andres eftoit du Bailliage d'Ardres, & mouuante en plein Fief du
Comté de Guines, qu'elle auoit efté poffedée par fes predeceffeurs auant & depuis l'an 1215. fçauoir par Baudoüin de la Mothe, & par Florent de la Mothe, & auoit depuis paffé en la per-
fonne d'Oudard de Renty, par certain mariage auec vne Bonne de Nortqueline, auquel auroit fuccedé Oüdard de Renty II.
lequel eftant decedé, faute de deuoirs, ladite Baronnie auoit efté
faifie feodalement à la Requefte du Subftitut de noftre Procureur general au Siege d'Ardres, & qu'en confequence de l'hommage par eux rendu en 1603. interuint Arreft; par appointé auec
noftre Procureur general, par lequel main-leuée leur auroit efté
faite de cette pretenduë faifie feodale, & ordonné qu'ils feroient
mis en pleine poffeffion du lieu Seigneurial & Baronnie d'Andres.
Ce qui auoit efté empefché par noftre Procureur general, & fur-
cis par ledit Sieur Commiffaire, & que l'inftance d'oppofition feroit demeurée fans pourfuite, au fujet du deceds dudit Gafton de
Spinola, arriué peu de temps apres, qui laiffa Dom Berthin de
Spinola fon fils en fort bas âge, & hors d'eftat d'agir; & par la de-

claration de la Guerre furuenuë entre les deux Couronnes ; en telle forte que ledit Comte de Broüay, petit-fils dudit Gafton de Spinola, ne s'eftoit trouué en liberté d'agir, que depuis la publi-cation de la Paix generale, & auffi-toft auroit repris lefdites pour-fuites en noftredit Parlement, & prefenté fa Requefte en iceluy le 22. Fevrier 1661. pour faire ordonner que fans s'arrefter à l'op-pofition de noftredit Procureur general, ledit Arreft du dixiéme Iuillet mil fix cens trois, feroit executé felon fa forme & teneur, à quoy noftre Procureur General s'oppofaft ; & bien que ledit Comte de Broüay fit voir par titres authentiques, que ladite Ter-re & Baronnie a toûjours efté poffedée depuis 400 ans par fes au-theurs, qu'il foit conftant que depuis l'année 1495, jufqu'en 1561, & 1562, les heritiers de la Maifon de Renty ayent poffedé ladite Terre, & qu'ils en ayent difpofé dans leur Famille par des Actes tranflatifs de proprieté, & ayent efté reconnus Proprietaires in-commutables, par Nous & par nos Officiers ; Que d'ailleurs la prefcription que pourroit leur oppofer noftre Procureur general, au fujet de l'interruption des pourfuites depuis l'année 1603. n'ait pû-courir, tant à caufe des minoritez & du temps de la Guerre, que parce que le Seigneur dominant ne fçauroit prefcrire contre fon Vaffal. * Sur ces expofitions, Nous auons, à la priere dudit Ambaffadeur, accordé audit Comte de Broüay fon parent, nos Lettres du 27. Aouft 1661. expediées à Fontaine-bleau, par lef-quelles Nous vous auons mandé & declaré vouloir qu'en proce-dant au Iugement de ladite Inftance d'oppofition de noftredit Procureur general, vous euffiez à maintenir & garder ledit Com-te de Broüay, comme de fait, & de noftre grace fpeciale, pleine puiffance & authorité Royale, Nous l'aurions maintenu & gardé par lefdites Lettres, fignées de noftre main, en la proprieté de la-dite pretenduë Terre & Baronnie d'Andres, fes appartenances & dependances (quoy qu'il n'ait jamais pretendu que la Baron-nie de la Mothe lés-Andres, qui ne fait qu'vne partie du fonds de la Parroiffe d'Andres, dont la premiere Baronnie appartenoit à vn Abbé de l'Ordre de faint Benoift) Ce faifant aurions ordonné qu'il fut reftably en la poffeffion & jouïffance d'icelle, & ledit Arreft du 10. Iuillet 1603. executé felon fa forme & teneur, non-obftant l'opofition formée à l'execution d'iceluy par noftredit Procureur general, dõt nous aurions fait audit Comte de Broüay, pleine & entiere main-leuée, nonobftant prefcription, * & autres chofes qui pourroient eftre dites & propofées au contraire, dont nous l'aurions, en tant que de befoin, releué, impofant filence, quant à ce, à noftre Procureur general. En confequence def-quelles Lettres ainfi obtenuës par furprife, & auparauant que nous euffions efté informez de la qualité, ny de la confequence de cette affaire, & fans que noftre Procureur general ait produit aucune piece, ny contredit celles dudit Comte de Broüay, attendu le filence que nous luy aurions impofé par nofd. Lettres, Comme auffi fans que l'Expofant, ny autre du Confeil de noftredite Dame & Mere, ait eu connoiffance de cette pourfuite, quoy que les Agens dudit Comté de Broüay ne puffent ignorer fon intereft, & fa poffeffion dudit Domaine, dont elle jouït depuis 20. ans, en vertu des Lettres patentes d'affignat de fes dot & doüaire, Regiftrées en noftredit Parlement, Ledit Comte de Broüay a obtenu Arreft tel qu'il pouuoit defirer le 14. Ianvier dernier, par lequel, fans auoir égard à l'oppofition de noftredit Procureur general, il eft maintenu en la proprieté de cette pretenduë Baronnie d'Andres, auec reftitution de fruits depuis l'an 1599. (qui monteroient à plus de deux cens mil liures & qui n'eftoient par luy demandez que depuis 1603, fuiuant l'Arreft d'appointé) & ordonné que lefdites Lettres patentes feront executées felon leur forme & teneur, & en confequence que ledit Comte de Broüay fera mis en poffeffion; à la charge de Nous rendre fes deuoirs, & payer les droicts fuppofez deubs à noftre pretendu Comté de Guines. En fuite duquel Arreft, ledit Comte de Broüay par Procureur, Nous a rendu foy & hommage, à caufe de ladite pretenduë Baronnie d'Andres, fuppofée fituée au Bailliage d'Ardres, tenuë & mouuante de Nous, à caufe du Comté de Guines. Et auffi-toft il s'eft adreffé à noftredite Dame & Mere, & luy a demandé fes Lettres d'attache, pour eftre mis en poffeffion du Domaine d'Andres, fuppofant qu'il ne venoit que d'apprendre le droict de noftredite Dame & Mere, laquelle, par fon Ordre du 9. Fevrier, auroit renuoyé la Requefte dudit Comte de Broüay en fon Confeil, où les titres d'iceluy ayans efté examinez, auec toute la bienveillance que pouuoient defirer le nom, la qualité, les merites, & les recommandations dudit Comte de Broüay; Toutefois il fut reconnu que fa pretenfion eftoit infouftenable; que la furprife auec laquelle il auoit obtenu nos fufdites Lettres, & en confequence ledit Arreft, eftoit manifefte; & que cette furprife tiroit à confequence pour tout le Domaine de Calais & Païs reconquis,

aujourd'huy

aujourd'huy tenu en directe de noſtre Couronne, & compoſé de ce qui fut autrefois le Comté de Guines, * le Comté de Calais, le Comté de Merly, le Comté d'Oye, & autres Terres & Seigneuries qui ont changé de face, par les accidens cy-deſſus deduits. Neantmoins les Officiers dudit Conſeil de noſtredite Dame & Mere, ſuiuant ſa volonté par elle témoignée ; deſirans fauoriſer ledit Comte de Broüay, ſurcirent leur reſolution de s'oppoſer à l'execution dudit Arreſt, juſques à ce qu'ils euſſent pû faire vne plus exacte recherche des motifs d'iceluy. D'ailleurs, ils firent voir les pieces dudit Comte de Broüay, à deux anciens & fameux Aduocats de noſtre Parlement, Maiſtre Iacques Deſita, & Maiſtre Claude Robert, qu'ils appellerent en vne nouuelle Aſſemblée, où l'Aduocat dudit Comte de Broüay & ſon Enuoyé furent oüys ; & neantmoins il fut reconnu tout d'vne voix, conformément à ladite miſſiue du Sieur de la Gueſle, cy-deuant noſtre Procureur general, extraite des Regiſtres du Bailliage d'Ardres, ſçauoir que ledit Sieur Comte de Broüay ne juſtifioit point qu'il fut deſcendu des Barons de la Mothe lés-Andres, encore moins des Barons d'Andres, dont la difference a eſté cy-deſſus obſeruée ; qu'il ne juſtifioit d'ailleurs aucune poſſeſſion depuis 300. ans ; qu'il y auoit lieu de preſumer que les anciens Barons auoient eſté dédommagez ainſi que celuy de Hames, dont l'exemple eſt formel ; Qu'au ſurplus le Traitté de Bretigny, la conqueſte de 1557, & tout ce qui auoit eſté fait en conſequence, ſur tout les Baux à cens de tout ledit Païs reconquis, auoient changé la face des lieux, en telle ſorte qu'il n'y auoit plus de Comté de Guines, ny de Baronnies ou Pairries en dépendantes ; & ainſi que la ſurpriſe reconnuë par noſtredit Procureur general de la Gueſle, ſur l'auis dudit Sr Mangot, eſtoit manifeſte ; Que les Officiers d'Ardres auoient agy incompetemment & abuſiuement, par leur intereſt particulier. Que la main-leuée, ainſi que la ſaiſie des Officiers, eſtoient des preuarications à noſtre ſeruice, & que par vne ſuite de la meſme ſurpriſe, renouuellée apres vn ſilence de 50. ans, Nous auions accordé noſdites Lettres, en vertu deſquelles vous auriez rendu ledit Arreſt, par le ſilence de noſtre Procureur general que nous luy auions impoſé. Partant fut reſolu d'obtenir Lettres en forme de Requeſte ciuille, tant afin de reſtitution enuers ledit Arreſt, qu'afin de reuocation de noſdites Lettres, en conſequence deſquelles il eſtoit interuenu. Mais il fut ſurcis à l'execution de cette

* Où partie d'iceluy.

B

deliberation, jufques à ce que l'Agent dudit Comte de Broüay eut rapporté d'autres titres & pieces juftificatiues de fa poffeffion, lefquelles il promit lors de rapporter, & mefmes des aueus qu'il promit d'extraire des Regiftres de noftre Chambre des Comptes. Mais au lieu de ce faire, & pendant que le Confeil de noftredite Dame & Mere fe repofoit fur cette parole, l'Agent ou le Procureur dudit Comte de Broüay, eft allé prefenter ledit Arreft au Lieutenant general de noftre Bailly de Ponthieu, lequel l'a mis en poffeffion de ladite Baronnie imaginaire. Et comme il n'en a pû trouuer aucun veftige, il a fait deux faifies, l'vne és mains du fous-Fermier de la dixme ou champart de la Parroiffe d'Andres, & l'autre és mains du fous-Fermier des cenfiues du Domaine de Calais, confiftant en diuerfes Parroiffes, dont celle d'Andres en eft vne. Le tout fans appeller l'Expofant, n'y aucun autre Officier de noftredite Dame & Mere; en telle forte que fon Confeil n'en a eu aduis, que par vne denonciation de fon Fermier general defdits Domaines de Calais & Païs reconquis, dont le Procureur s'eftant oppofé aufdites faifies, a requis main-leuée audit Commiffaire, lequel auroit renuoyé les parties en noftredit Parlement, où le Suppliant a pris le fait & caufe defdits Fermiers, qui ne font parties capables pour defendre en cette rencontre, & a requis d'eftre receu oppofant à l'execution dudit Arreft, pour la reuerence duquel il a efté confeillé d'obtenir nos Lettres en forme de Requefte ciuille, comme auffi de reuocation de nos fufdites Lettres obtenuës par furprife, & fur faux expofé. A CES CAVSES, s'il vous appert du contenu cy-deffus; fçauoir qu'au moyen du Traitté de Bretigny, & de la conquefte de 1557, la face defdits lieux ait efté changée, en telle forte que toutes les Terres, à la referue des Fiefs dudit de Mouchy, foient tenus de Nous immediatement en directe, cenfiue & roture, fans aucune qualité de Comté de Guines, ny des anciennes Baronnies, Pairries & Fiefs en deppendans aux fiecles paffez, dont la memoire eft efteinte, & les anciens poffeffeurs prefumez recompenfez, à l'exemple du Sieur de Hames l'vn defdits Barons; que ledit Comte de Broüay ne faffe point voir que lefdits de Renty, dont il fe dit heritier, euffent droict de Baudoüin & de Florent de la Mothe, dont il a produit des titres de l'an 1275. & 1353. fans aucune fuite, jufque'en 1561. qu'vn feul Acte par luy produit de l'an 1495. qui ne foit aucunement confiderable, n'y au fonds, ny en la forme.

n'eſtant ny ſigné, ny ſeellé. Que leſdits titres ne ſoient ny aueus à nous rendus, n'y autres Actes authentiques pour juſtifier que les autheurs dudit Comte de Broüay ayent jamais releué de nous, à cauſe du Comté de Guines, ny autrement; Mais ſoient ſeulement des Actes ramaſſez, ou faits auec tierces perſonnes inconnuës, & où il n'eſt parlé de ladite Baronnie de la Mothe lés-Andres qu'en paſſant, & par enonciation. Que le ſeul papier ceuilloit des rentes de la Mothe d'Andrenes,* produit par led. Comte de Broüay, en datte de l'an 1343, n'ait aucun rapport auec nos cenſiues de la Parroiſſe d'Andres, que ledit Comte de Broüay a ſaiſies. Qu'il ne puiſſe non plus juſtifier que la dixme ou champart de la Parroiſſe d'Andres, qu'il a pareillement ſaiſi, luy ait jamais apartenu, & qu'en effet ce ſoit vn droict eſtably lors de la conqueſte faite par le Roy Henry II. qu'il ne juſtifie, non plus d'aucune poſſeſſion par Bail, n'y autrement, depuis trois cens ans, ny de temps immemorial. Qu'en l'Aſſemblée des Eſtats du Païs reconquis tenuë en l'année 1583, ledit de Renty, ny autre, n'ait comparu pour aucune Baronnie dudit Païs. que ladite Parroiſſe d'Andres ſoit du reſſort du Siege de Calais, & qu'ainſi les Officiers d'Ardres ayent incompetemment & abuſiuement, par leur intereſt particulier, ou autrement, entrepris de ſaiſir feodalement, & de donner main-leuée par prouiſion, en la forme cy-deſſus expliquée. que cette ſuppoſition ait cauſé la ſurpriſe de l'Arreſt de 1603. que cette ſurpriſe ait eſté reconnuë par noſtredit Procureur general de la Gueſſe, ſur l'auis du Sieur Mangot Intendant audit Païs, & qu'il en ait eſcrit à ſon Subſtitut à Ardres, auec charge de s'oppoſer à l'execution dudit Arreſt de 1603, Comme auſſi de ceſſer leſdites conuocations de Barons, comme donnant vne ouuerture tres-prejudiciable à noſtre ſeruice, & auec ordre de Regiſtrer ſa miſſiue en ſondit Siege, pour memoire de ladite ſurpriſe, & que cela ait eſté executé. Que depuis ladite miſſiue eſcrite en 1604. ledit Gaſton de Spinola ait gardé le ſilence, juſqu'en 1610. qu'en cette année, l'oppoſition de noſtredit Procureur general ayant eſté formée, & renuoyée pardeuant Vous, leſdits de Spinola ayent depuis abandonné leurs pourſuites en temps de Paix; que ledit Gaſton de Spinola & ladite Renty ſon eſpouſe, ne ſont point decedez auparauant que la peremption ait eſté acquiſe, mais vingt ans apres. que les minoritez expoſées par ledit Comte de Broüay auparauant 1633, ne ſoient point veritables. Et ſur tout que nofdites Lettres du 27. Aouft 1661, ayent efté obtenuës fur faux expofé dudit Comte de Broüay, & que vous ayez en confequence rendu ledit Arreft du 14. Ianvier 1662, portant que lefdites Lettres feront executées; & ce faifant ledit Comte de Broüay mis en poffeffion de ladite pretenduë Baronnie. Et que ledit Arreft ait efté rendu fans ouïr ny appeller le Suppliant, ny autre pour noftredite Dame & Mere, quoy qu'elle fuft en poffef-fion du Domaine de la Parroiffe d'Andres, comme faifant partie du Domaine de Calais, en vertu de nos Lettres patentes, veri-fiées en noftre Parlement, dés l'an 1643, pour l'affignat de fes dots & doüaire; & que noftredit Procureur general n'ait rien produit ny contredit, attendu le filence que nous luy auions im-pofé par nos fufdites Lettres. & que ledit Arreft luy adjuge la Baronnie d'Andres & non celle de la Mothe lés-Andres par luy requife, & les fruits au delà de ce qu'il pretendoit, en faifant de-bouter noftredit Procureur general de fon oppofition. & d'autre chofe tant que fuffire doiue. Vous, audit cas, ayez à remettre les parties au mefme eftat qu'elles eftoient auparauant nofdites Let-tres, & auparauant noftre Arreft rendu en confequence, & maintenir noftredite Dame & Mere, en poffeffion dudit Domai-ne d'Andres, & autres Domaines dudit Païs reconquis; auec de-fenfes audit Comte de Broüay, & toutes perfonnes de l'y tou-bler: Dérogeant, en tant que befoin, à nofdites Lettres ainfi fur-prifes, Et reuocant icelles, comme en effet nous les auons, audit cas, reuoquées & reuoquons; Et enjoignons à noftre Procureur general de prendre telles conclufions qu'il aduifera bon eftre, au fujet de fon oppofition de 1610, & au furplus faites aux parties bonne & brieue juftice.

EXTRAICT DV TRAITE' DE PAIX, FAIT A Bretigny prés Chartres, entre le Roy Charles V. lors Dauphin & Regent en France, & le Roy Edoüard II. d'Angleterre. Depuis confirmé par le Roy Iean fon Pore, qui eftoit lors en Angleterre.

PROMIS laiffer poffeder * le Chaftel & la ville de Calais. Le Chaftel, ville, & feigneurie de Merly. ᵃ Les Villes, Cha-fteaux, & Seigneuries de Sangate, Coulogne, ᵇ Hames, Ware, & Oye, ᶜ auec terres, bois, marefts, riuieres, feigneuries, &

autres appartenances. C'eſt à ſçauoir, de Calais juſques au fil de la riuiere pardeuant Grauelines ; & auſſi par le fil meſme de la riuiere qui chet au grand lac de Guines, juſqu'à Fretun ; & d'illec par la vallée autour de la montagne de Caltuly, [d] encloant mais la montagne, & auſſi juſqu'à la mer, auec Sangate, & toutes ſes dépendances. *Item*, Que poſſederons auſſi le Chaſtel, la Ville, [e] & toute la Comté de Guines, auec toutes les Terres, Chaſteaux, Villes, Hommages, Seigneuries, Riuieres, & Bois, auſſi entierement, *comme le Comte de Guines*, dernierement treſpaſſé, les tenoit en ſon temps. [f] Et à nous obeïront les Egliſes, & les bonnes gens, eſtans dans les limitations de ladite Comté de Guines, de Calais, & de Merly, & des autres lieux deſſus-dits, ainſi qu'ils obeïſſent à preſent à noſtredit Frere, & qu'ils obeïſſoient au Comte de Guines, qui fut pour le temps. [g] Toutes leſquelles choſes nous tiendrons *en Domaine*, [h] exceptez les heritages des Egliſes, & des autres gens du païs de Merly & de Calais, auſſi hors ladite ville de Calais, & juſqu'à la valeur de *cent liures de terre par an*, de la monnoye courante au Païs, & au deſſous. Leſquels heritages leur demeureront juſques à la valeur deſſus-dite. [i] Et auſſi demeureront aux Manans & Habitans en la Comté de Guines, tous leurs Domaines entierement, & y reuiendront plainement, ſauf ce qui eſt dit cy-deuant, des mettes & bornes, en l'article de Calais. [k]

[c] *Autre dixme du Païs reconquis & village, autrefois Comté, & l'vne des douẑe Pairries de Flandres.*
[d] *Coquelle, autre village & dixme dudit Domaine.*

[e] *A preſent village ruiné, & dixme du Domaine de Calais.*

[f] *Ce n'eſtoit donc pas le Roy. en effet le Roy n'a jamais eſté Cté de Guines, qui n'eſtoit qu'vn Vaſſal de Flandres, cadet de la Maiſon de Flãdres.*
[g] *Idem, Et ſans doute que ce Comte de Guines eſtoit ſouuerain ainſi que le Seigneur d'Ardes.*
[h] *En Domaine, c'eſt à dire en directe.*

[i] *Cela n'eſt dit que des Proprietaires des petits heritages roturiers.*
[k] *C'eſt cette portion du Comté de Guines, qui fait aujourd'huy partie du Païs reconquis.*

---

*EXTRAICT DE LA CRONIQVE DE LAMBERTVS, faite en l'an 1160. Manuſcrit gardé en l'Abbaye de ſaint Bertin, en la ville de ſaint Omer, * lequel Lambertus ſe dit Preſtre de l'Egliſe d'Ardes, c'eſt à dire Curé, & fils de Baudoüin Seigneur ſouuerain d'Ardes.*

* *En la Biblioteque de Monſieur de Thou.*

LES DOVZE PAIRS DE FLANDRES eſtoient,

Le Comte de Boulogne.
Le Comte d'Arras.
Le Comte d'Aloſt.
Le Comte d'Aire.
Le Comte de S. Paul.
Le Comte de Heſdin.
Le Comte de Neuf-Chaſtel, dit Annenbark.

Le Prince du Bourg de Bruges.
Le Comte Theroüenne.
Le Comte de Guines,

*Dont la Terre a esté long-temps posse-
dée par les Comtes de Flandres, puis
possedée comme simple Fief relevant d'Ardres, & en 980, erigée en Comté, Cap. 12. Ardulphe premier Comte de Guines
descendant des Comtes de Flandres, enfin le Seigneur d'Arde; est devenu Vassal du Comte de Guines.*

Le Comte d'Arques.
Et le Comte d'Oye. ✱

*✱ Dont le Comté fait aujourd'huy partie du
Domaine de Calais , & Pais reconquis tenu
en directe.*

LE COMTE DE GVINES AVOIT DOVZE BARONS
ET DOVZE PAIRS.

LES DOVZE BARONS ESTOIENT,

1 Le Baron d'Andres , Abbé de l'Abbaye d'Andres, Ordre
   de S. Benoist.
2 Le Baron de Ballinghen.
3 Le Baron de Fiennes.
4 Le Baron de Liques.
5 Le Baron de Wal en Surques.
6 Le Baron de Creseques.
7 Le Baron de Courtebourne.
8 Le Baron de Hames.
9 Le Baron d'Eruelinghen.
10 Le Baron de Zeueland.
11 Le Baron de la Mothe d'Andres.
12 Et le Baron d'Allembon.

Dont les Terres, pour la plus-part, font aujourd'huy partie dudit
Domaine ; Entres-autres celles d'Andres, de Ballinghen, d'Hermelinghen ; Celle de la Mothe lés-Andres, qui fait partie de la
Parroisse d'Andres ; Celle de Hames a esté accordée au Sieur
d'Wailly, pendant la minorité du Roy, en rendant ce que ses predecesseurs auoient eu en recompense.

LES DOVZE PAIRS DE GVINES.

1 Bonnelinghen.
2 Arquingond.

3 Surques.
4 Efcleuin.
5 Fouqueshone.
6 Prieur. *   * _Le Prieur d'Ardes._
7 Réques.
8 Lot-Varne.
9 Auuinquerque.
10 Nyelle lés-Andres. ⎫——— *Ces deux font partie du Domaine de Calais , & Païs re-*
11 Campagnes.   ⎭   *conquis, & les autres en font auſſi; pour la plus-part fous*
                            des noms modernes, comme Bonnelinghen , aujourd'huy
                            Bonningues.

12 Oudebrouch.

Ainfi le Domaine de Calais & Païs reconquis, fe trouue aujour-
d'huy compofé de ce qui eftoit autrefois le Comté d'Oyes, & le
Comté de Merly ou Marq, & de partie du Comté de Guifnes,
entre autre de la Baronnie d'Andres, & de celle de la Mothe, fituée en la mefme Parroiſſe; des Baronnies de Balinghen & d'Hermelinghen ; des Pairries de Nyelles, Bonningues, Campagnes, &
autres Fiefs, Terres & Seigneuries.

La Baronnie de Hames en faifoit auſſi partie, auec la feigneurie de Sangatte ; mais , par Lettres du 10ᵉ Iuin 1644 obtenuës
par le Sieur de Wally, lors Capitaine des Gardes de feu Monfieur d'Orleans, Oncle du Roy, Lieutenant General du Royau-
me, & Chef des Conſeils de fa Majefté, il obtint la grace d'y rentrer, en rendant les rentes qui auoient efté données en recompenfe à fes predeceſſeurs, chofe dont ils auoient efté refufez diuerfes fois, & qui a efté faite auparauant la prife de poſſeſſion de
la Reyne Mere. Mais qui juftifie que fi les autres rapportoient les
titres, par lefquels ils ont efté dépoüillez de leurs Fiefs qui com-
pofent aujourd'huy le Domaine reconquis, comme celuy-cy en a
rapporté de 1364 & de 1380 , il fe trouueroit qu'ils ont efté pareillement dédommagez par le Roy Iean.

Les autres Baronnies & Fiefs du Comté de Guines, lefquelles
fe trouuent en leur ancien eftat, comme Fienne, Liques , & autres, ne fe trouue point auſſi dénommez au Traité de Bretigny,
ny comprifes dans l'eftenduë du Païs reconquis, & donné à cens
& dixme. Mais celles qui s'y trouuent comprifes, comme celle en
queftion, foit qu'elles foient prefumées recompenfées, foit par le
changement que les conqueftes y ont apporté, ne doiuent pas
eftre remifes en l'eftat qu'elles eftoient il y a 400 ans,

Si cette pretention eſtoit receuable, ledit Sieur de Wailly, qui par ſeſdites Lettres articule ſa genealogie & deſcente en ligne directe des Comtes de Guiſnes, auroit vendiqué les Terres où fut autrefois ladite Comté, & ſur tout la Parroiſſe de Guiſnes, dont la dixme (ou champart) vaut quatre à cinq mille liures de rente. Cependant il n'a jamais demandé que de rentrer dans ſa Baronnie de Hames, & dans ſa ſeigneurie de Sangatte, en rendant ce qui luy auoit eſté donné en échange & recompenſe ; Encore ne l'a t'il obtenu que dans vne minorité, par grace ſinguliere, & apres en auoir eſté refuſé par pluſieurs de nos Roys, ainſi qu'il confeſſe par ſes Lettres.

Enfin, tout le Domaine de Calais ne conſiſte qu'aux dixmes & aux groſſes cenſiues de ſeize Parroiſſes tenuës en directe du Roy, leſquelles font ſoixante & quatre-vingts meſures de terre, qui compoſent le Territoire deſcrit au Traité de Bretigny, qui fit autrefois partie du Comté de Guines, & des autres Villes & Comtez y dénommez.

LES PARROISSES SONT,

1 Balinguen.
2 Andre.
3 Campagne.
4 Guiſnes.
5 Boucre.
6 Guemp.
7 Vieille Egliſe.
8 Nouuelle Egliſe.
9 Offequerque.
10 Oye.
11 Marq.
12 Pihen.
13 Crouquelles.
14 Bonnigues.
15 Saint Tricats.
16 Nyelle.

Les dixmes de ces ſeize Parroiſſes, valent, année commune, quarante mille liures de rente. Les cenſiues montent à huit mille

huit

huit cens vingt-neuf liures, & les lots & ventes, année commune, valent mille efcus.   *

Refte quelques moulins, & cent mefures de terre à l'éclufe
d'Oye, qui peuuent valoir trois mille liures.

Voilà en quoy confifte tout le reuenu du Domaine de Calais &
Païs reconquis, tenu en vn feul Fief, vny à la Couronne, fans autre juftice que la Royale ait, fuiuant l'eftabliffement fait lors de la
derniere conquefte, qui ne peut eftre changé fans vn grand inconuenient, ainfi que Monfieur de la Guefle a bien remarqué,
fur l'auis de Monfieur Mangot qui fçauoit la Carte des lieux, laquelle eft fpeciale & particuliere, mais venerable à tous ceux qui
aiment la Couronne.

* Le gouuer-
neur de Ca-
lais eft en
poffeffion de
quelque dix-
me, autre
que les 16.
ci-deffus, &
de quelque
garenne, qui
peuuent va-
loir cinq ou
fix mil li-
ures.

LETTRES DE MONSIEVR LE PROCVREVR
General de la Guefle, au Procureur du Roy à Ardes, en 1604. & en 1610, pour la Baronnie de la Mothe d'Andrehen.

Extraict des Regiftres du Bailliage fouuerain d'Ardes, & Comté de Guifnes pretendu.

MOnsievr le Procureur, Monfieur Mangot Maiftre des
Requeftés & Intendant de la Iuftice de Calais, m'a confe-
ré d'vn Arreft du dixiéme Iuillet dernier, obtenu par Madame la
Comteffe d'Embry, * & par lequel Arreft main-leuée luy a efté
faite de la faifie cy-deuant appofée fur la Terre, Seigneurie &
Baronnie d'Andres, dite la Mothe en Andrehen; l'ay reconnu
par cette Conference qu'il y auoit eu quelque furprife faite tant
à vous qu'à moy. Le pretexte de laquelle furprife eft fondé fur
vne faifie de ladite Terre par faute d'hommes & deuoirs, non faits
& droicts non payez. Et auffi qu'il a efté reprefenté que dés l'an
1661. Meffire Oudart de Renty ayeul de ladite Dame, a efté appellé en la conuocation des Barons, qu'il pretend en eftre, d'Ardes, que faites tous les ans au mois d'Aouft, & qu'à faute d'auoir
comparu ladite Terre a efté faifie. Il fe peut bien faire que les predeceffeurs defdits de Renty ont efté autrefois Barons d'Andres,
& pour ladite Baronnie, Vaffaux du Roy, à caufe de fon Comté
de Guifnes. Mais par le Traité de Bretigny, paffé entre le Roy
Charles V. feulement Dauphin & Regent, & Edoüart Roy d'An-

* Heritiere
de Renty,
feme de Ga-
fton de Spi-
nola, Dame
d'Embry &
de Broüay,
ayeule de la
partie ad-
uerfe.

C

gleterre ; Le Comté de Guines, entre autres chofes, auec tous les hommages, fuft tranfporté au Roy d'Angleterre, dont fes fucceffeurs ont joüy jufques à la conquefte de Calais, & du Comté de Guines, duquel toutes les Terres & Seigneuries & deppendances font, par ce moyen, retombez en la main de nos Roys, qui les ont baillez à cens & rentes, fans que, dans ledit Comté, il y ait Terre que le Roy n'en foit Seigneur direct, & fans qu'il y ait aucun Vaffaux. * S'il y en a eu autrefois, le temps approchant de trois cens ans, a non feulement aboly leurs droicts, mais auffi la memoire de leurfdits droicts. Dont il y a grande apparence que le Regent Charles, ou le Roy Iean fon pere, ont donné recompenfe à ceux defquels ils prindrent les Seigneuries, pour eftre delaiffez à l'Anglois, dont il fe pourra remarquer des exemples. * Or cette pretenduë Baronnie eftant affife dans ledit Comté, qui eft entierement baillé à cens & rentes, je ne fçay où elle fe pourra trouuer. L'occafion de ce méconte eft procedé, à mon aduis, de ce que vos predeceffeurs Officiers d'Ardes, pour conferuer aucunement les tables de leur naufrage, pendant que Guines eftoit occupé par l'Anglois, ayant fait appeller aux Affifes les Vaffaux dudit Comté, qui eftoient les plus proches d'eux ; vous auez, depuis la reftitution de Guines, continué cette ancienne conuocation, dont vous voyez l'inconuenient qui eft auenu, en ce que Meffire Oudart de Renty a efté appellé entre les autres, defquels j'entends y auoir aucuns qui fe doiuent preualoir de ladite conuocation, la caufe de laquelle eftant ceffée, pour ofter toute occafion de faire ouuerture fpeciale aux droicts du Roy, vous ferez fort bien de la difcontinuer entierement, auffi la caufe ceffée, l'effet doit pareillement ceffer. Or pour le particulier, encore que l'Arreft foit executable, Le Roy fe trouuant en la poffeffion legitime des Terres defquelles ladite Baronnie peut auoir efté autrefois compofée, & s'y trouuant, non par faute d'homme, qui n'iroit qu'à gagner les fruits, mais par bons & legitimes moyens qui regardent le fonds & proprieté, toutesfois, afin de ne laiffer aucune brefche, tant petite foit, par laquelle on puiffe entamer fon droit, j'ay refolu de me pouruoir contre ledit Arreft, mais auparauant que de le faire, je defire eftre particulierement éclaircy de tout ce qui concerne l'affaire, mefmes des faifies qui peuuent auoir efté faites fur ledit Meffire Oudart de Renty, & fes defcendans. Ie m'affeure tant de voftre affection & fidelité au feruice du Roy,

* C'eft à dire nul Fief ny Baronie.

* Hames.

ſelon le deub de voſtre charge, qu'apporterez tout ce qui ſera en vous, pour cét éclairciſſement. Vous en confererez auec Monſieur le Iuge, & autres deſquels eſtimerez en pouuoir tirer inſtruction ; Cependant je vous prie, mande & charge, que ſi l'execution dudit Arreſt eſtoit de nouueau pourſuiuie, vous l'empeſcherez en mon nom formellement. Et afin que mon intention ſoit mieux connuë, & que cette Lettre ſerue de declaration contre ledit Arreſt, meſme pour empeſcher que pendant voſtre abſence ou autrement, l'on procede à ladite execution ; Vous ferez enregiſtrer la Preſente, dans les Regiſtres de voſtre Siege ! Cependant j'attends reſponſe de vous, au premier jour, & ſur ce je me recommanderay de tout mon cœur à vos bonnes graces, & prieray Dieu, Monſieur le Procureur, vous tenir és ſiennes & ſaintes. De Paris le ſeptiéme Avril mil ſix cens quatre. *Et deſſous eſt eſcrit.* Voſtre bon frere & plus affectionné amy, DE LA GVESLE. *Et au dos eſt eſcrit.* A Monſieur le Procureur du Roy au Siege Royal d'Ardes. A Ardes.

MONSIEVR le Procureur, l'on m'a donné aſſignation à comparoir le vnziéme du preſent mois au deuant de la principale porte de l'Egliſe de la ville d'Ardes, pour eſtre procedé à l'execution de l'Arreſt obtenu par Gaſton de Spinola, & Dame Anne de Renty ſon eſpouſe, par lequel main-leuée leur doit eſtre faite de la ſaiſie de ladite Baronnie d'Andres, & ordonné que leſdits de Spinola & de Renty, feront mis en poſſeſſion de ladite Terre. Ie vous enuoye l'aſſignation afin de comparoir pour moy deuant Monſieur le Commiſſaire de par la Cour en cette partie. A l'execution duquel Arreſt, vous vous oppoſerez pour les raiſons que je déduiray en temps & lieu ; Vous ne manquerez donc à apporter le ſoin & la diligence neceſſaire à ce que deſſus, & me donnerez aduis par les premieres de ce qui en aura eſté fait. Cependant je me recommande de tout mon cœur à voſtre bonne grace ; Et prieray Dieu, Monſieur le Procureur, vous tenir en ſanté heureuſe, & longue vie. A Paris ce cinquiéme Iuin mil ſix cens dix. Voſtre bon frere & affectionné amy, DE LA GVESLE. *Et au dos de ladite Lettre eſt eſcrit.* A Monſieur le Procureur du Roy au Siege d'Ardes. A Ardes.

GENEALOGIE DES COMTES DE GHISNES.

Sifrid le Danois. Qui a conquis le Païs de Ghifnes en l'année 928.

Adolphe baftard de Sifrid & d'vne fille du Comte de Flandres, 1. C. de Ghifnes.

Rodolphe 2. C. de Ghifnes.

Euftache.

Baudoüin 1.

Manaffez Robert,

Sybille heritiere du Comté de Guines, efpoufa le Chaftelain de Bourbourg, dont elle n'eut qu'vne fille.

Beatrix de Bourbourg Comteffe de Ghifnes.
efp. 1. Alberic le Sanglier Seigneur Anglois.
2. Baudoüin Seigneur d'Ardes.
Elle deceda fans enfans, & de fon viuant Arnould de Gand fon coufin vfurpa le Comté, à l'aide du Seigneur d'Ardes, fans que fon pere Chaftelain de Bourbourg, ny le Seigneur de Hames , que fon premier mary auoit laiffé pour Gouuerneur en fon abféce, ny le Seigneur d'Ardes fon fecond mary, apres auoir changé de party, l'ayent jamais pû empefcher , non plus que les Seigneurs de Semur enfans d'vne fille aifnée de Gilles de Ghifnes.

Gille de G. efpoufe du Chaftelain de Gand.

Arnould de Gand C. de Ghifnes vfurpateur 1144.

Baudoüin 2. efp. Chreftienne heritiere des Seigneuries d'Ardes & de Colewide , & du Vicomté de Marq.

Arnould 2. Comte de G. Sr d'Ardes & de Marq, efp Beat. heritiere de la Chaftellenie de Bourbourg, decedé en 1220.

Baudoüin 3, dec. en 1234.

Baudoüin de G. Sr de Sangate, duquel le Sr de Wally fe dit defcendu , & heritier du Baron de Hames.

Arnould 3. Comte de G.

Baudoüin de Guines Chaftelain de Bourbourg Sr d'Ardes, d'Auderwic & de Bredenarde.

Ieanne de Guines.
Efp. Iean 2. Comte d'Eu tué à la Bataille de Courtray 1302,

Raoul Comte de Ghifnes & d'Eu Conneftable de France, tué en 1336.

Raoul 2. Comte d'Eu & de Ghifnes auffi Conneftable de France, pris par les Anglois en 1346. & mort fans enfás en 1350. auquel temps l'Anglois poffedoit fon Comté de Ghifnes par conquefte, approuuée de la part du Roy, en 1360. par le traitté de Bretigny.

PREVVES DES PROPOSITIONS CONTENVES
en la Requeſte Ciuile.

CHAPITRE PREMIER.

Du Droiƈt de Conqueſte.

LE Droiƈt de Conqueſte eſt le premier, & le ſeul titre ori-
ginaire de tous les Souuerains. Ce droiƈt eſt legitime, puis
que Dieu preſide aux combats, & ſe dit le Dieu des Armées. c'eſt luy qui éleue & qui ſoûmet les Nations, par les ſe-
crets de ſa Prouidence. C'eſt luy qui leur ſuſcite des Chefs & des
Maiſtres pour les conduire, & pour les gouuerner. Il faut donc
choquer les Ordres du Ciel, pour traiter les Conquerans du titre
d'Vſurpateurs ; Et il y a lieu de croire que celuy dont Dieu benit
les armes, & à qui il met la viƈtoire dans les mains, eſt par luy apel-
lé pour commander les Peuples qu'il ſoûmet. Autrement il ne ſe
trouuera jamais de regle certaine en ces matieres, ny aucun Mo-
narque legitime ſur toute la terre. Cette propoſition eſt facile à
juſtifier par toutes les Hiſtoires du monde, & ſur tout par l'Hiſtoire ſainte, qui en eſt toute remplie. Mais, pour ne point ſortir de
noſtre matiere, il eſt aiſé de la prouuer par l'Hiſtoire des Comtes
de Guines.

Lambert d'Ardes, en ſa Preface, donne pour origine de la ſeigneurie de Ghiſnes, auparauant diſperſée à diuers particuliers, &
entre autres à l'Abbé de S. Berrin, l'vſurpation d'vn Comte de
Flandres, laquelle il n'authoriſe que par vne autre plus ancienne,
en ces termes.

*Alia autem omnia, quæ infra Ghiſnenſis terræ ambitum contine-
bantur, prædia, quaſi deſolata, & ab hærede legitimo pro nihilo repu-
tata, vſurpauit ſibi, & vindicauit Flandriæ Comes Arnoldus, cogno-
mento magnus vel vetulus. Sic enim, & prædeceſſores ſui fecerunt à
tempore Lidrici Flandrenſis Comitis primi. Qui, poſtquam Comes
Valbertus ſeculo valè dixit, & terram ſimul cum ſeculo dereliquit,
Ghiſnenſem terram Flandrenſium terræ continuauit, & ſibi vſurpauit.*

Et ce Comte Valbert eſtoit vn Comte de Ponthieu, qui, par

En l'an 663.

A ij

ſa valeur, auoit conquis les Comtez de S. Paul, de Ghiſnes, & de Boulogne, & lequel mourant partagea ſes quatre Comtéz à ſes quatre enfans, ſelon leurs inclinations conformes à la nature des Terroirs de ces Seigneuries; Ce qui a eſté remarqué par diuers Hiſtoriens, auec Eloge de ce Conquerant.

Ses ſucceſſeurs furent enfin priuez par vn Comte de Flandres, lequel, à ſon tour, donna la terre de Ghiſnes à l'vn de ſes puiſnez, dont les ſucceſſeurs la porterent au Monaſtere de Sithiu, où le pere ſe renferma auec ſon fils Bertin, qui y eſt mort en odeur de ſainteté, & qui a depuis fait changer de nom au Monaſtere.

Depuis, & en l'an 918, Dieu ayant enuoyé en l'Europe vn de ſes fleaux du Nord, d'où l'Euangile dit que tous les maux doiuent venir, En effet ces armées de Barbares qui deſcendent, de temps en temps de, ces froides Nations, plus fertiles que raiſonnables, ont changé diuerſes fois la face des Eſtats, & renouuellé les Nations.

Ceux-cy occuperent particulierement la Normandie, & donnerent le nom aux Normands, c'eſt à dire gens venus du Nord, leſquels, apres s'eſtre conuertis à la foy Chreſtienne, ne ſe perſuaderent pas que leurs conqueſtes en fuſſent moins legitimes.

Entre eux, vn nommé Sifrid le Danois, ſe jetta ſur la terre de Ghiſnes, & l'occupa; Ce fut luy qui le premier fortifia le lieu de Ghiſnes, & qui y fit vn Donjon, ou Fortereſſe, telle que l'Abbé de S. Bertin, qui eſtoit cadet du Comte de Flandres, & tous ceux qui fauoriſerent ſon party, ne purent en tirer Sifrid le Danois.

Le Comte de Flandres voulut luy faire la guerre, mais il redouta ſa valeur, & le receut à foy & hommage, nonobſtant les plaintes de l'Abbé & des Religieux de S. Bertin qui crioient à l'Vſurpateur.

Lambert d'Ardes fait deſcendre, ce Sifrid, de Valbert Comte de Ponthieu, & ſuppoſe que ce nom de Danois ne luy fur donné que pour auoir porté les armes en Dannemark, ou pour eſtre proche parent du Roy des Danois, mais le Sieur Ducheſne détruit cette faueur faite par Lambert, qui eſtoit de la maiſon d'Ardes, depuis jointe à celle de Ghiſnes, & juſtifie, par les Croniques des Abbayes d'Andres & de S. Bertin, que c'eſtoit vn Seigneur Danois, vulgairement dit Northman.

Voicy les termes de la Cronique eſcrite par Simon, & confirmée par Iean d'Ypre, Abbez de Saint Bertin.

Post hoc bellum cruentissimum, & Normanorum conuersionem, miles quidam de Normanorum reliquiis, qui hoc Monasterium & Patriam cum Danorum exercitibus frequenter affligendo destruxerat, nomine Sifridus Danus, cum sua turma huc rediit, & Ghisnas, villam, & Patriam occupans, nobis abstulit, & sibimet vsurpauit.

Il ne laissa qu'vn Bastard qui luy a pourtant succedé, & qui a esté le premier Comte de Ghisnes, appellé Adolphe. Auquel succeda Rodolphe, son fils legitime, second Comte de Guines. A celuy cy son fils Eustache, qui eut pour successeur Baudoüin premier du nom, qui eut, entre autres enfans, deux qui sont à remarquer pour nostre sujet ; sçauoir, vne fille appellée Gisle, qui fust mariée au Chastelain de Gand, & vn fils appellé Manassez Robert, qui ne laissa qu'vne fille nommée Sybille, laquelle espousa le Chastelain de Bourbourg, & n'eut qu'vne fille, Beatrix de Bourbourg, heritiere legitime du Comté de Ghisnes, & en cette qualité mariée à Alberic Seigneur Anglois, lequel preferant les auantages qu'il auoit en son Païs (par les bonnes graces de son Prince) à la compagnie de sa femme, qui estoit infirme de sa personne, laissa le Baron de Hames, pour gouuerner en son absence.

Dont Arnould de Gand se preualut, & s'empara, à main armée, du Comté de Guines ; fit la guerre au Baron de Hames, & au Chastelain de Bourbourg, pere de la Comtesse, qui voulurent s'opposer à son dessein, & vint about d'eux, à l'aide de plusieurs Seigneurs qui fauoriserent son entreprise, & entre-autres de Baudoüin Seigneur d'Ardes, qui estoit homme de valeur, mais sur tout par les Ordres de la Prouidence, qui l'auoit destiné pour Maistre de ce Païs.

Et à ce sujet, est à remarquer que ce Seigneur d'Ardes, ayant esté blessé dangereusement à la teste, au siege d'vn Chasteau, où le Baron de Hames estoit renfermé, appellé Domerual, il fut porté en son donjon d'Ardes, où il fut visité par diuerses personnes considerables, & entre autres par l'Abbé de la Cappelle, qui luy donna diuers auis spirituels, & tels que le Seigneur d'Ardes estant en santé, de son propre mouuement, changea de party, & fit la guerre à Arnould de Gand, pour la Comtesse de Ghisnes, comme s'il eut voulu témoigner du repentir d'auoir tenu auparauant le party d'vn Vsurpateur.

Ce changement fut approuué des gens de bien, mais il ne fut pas approuué du Ciel. Le Chaſtelain de Bourbourg fit ſeparer, ſa fille la Comteſſe de Ghiſnes, d'Alberic qui n'en fut pas faſché, & la donna au Seigneur d'Ardes, qui combatit depuis comme pour luy-meſme. Mais Dieu ne benit point ſes armes, ny ſa famille, car il deceda ſans enfans, & Arnould demeura Comte de Guines, ainſi l'Ange des Medes combattoit contre l'Ange des Perſes, ignorant la volonté du Seigneur, mais ſes efforts furent inutiles. Arnould, comme eſtant appellé à cette domination, ſe trouue le Chef de la ſeconde race des Comtes de Guines, laquelle eſt ſortie de la Maiſon des Chaſtelains de Gand.

Et l'on ne peut pas dire qu'il fut ſucceſſeur legitime par les loix communes, la Comteſſe Beatrix eſtant decedée ſans enfans ; car, outre qu'il a vſurpé vingt ans auant ſon deceds, il y auoit des enfans d'vne fille aiſnée de la mere d'Arnould de Gand, appellez les Seigneurs de Semur, leſquels, apres le deceds de la Comteſſe, ſembloient ſes legitimes ſucceſſeurs, & entreprirent contre Arnould de Gand, mais ils n'eurent pas aſſez de force pour le détruire. Ils n'auoient pas la meſme vocation qu'il auoit, & dont l'on ne peut pas douter, puis que tous les Comtes de Ghiſnes qui ont commandé apres luy, ſont tous deſcendus de ſa ligne directe.

Car il eut pour fils Baudoüin II. lequel fut, non ſeulement Comte de Ghiſnes, du chef de ſon pere ; mais auſſi Vicomte de Marq, & Seigneur d'Ardes, & de Colewide, du chef de Chreſtienne d'Ardes, ſa femme, heritiere de ces trois Seigneuries ; Auſquelles ſucceda, ainſi qu'au Comté de Ghiſnes, Arnould II. leur fils, qui eſpouſa Beatrix, heritiere de la Chaſtellenie de Bourbourg, d'où ſont deſcendus Baudoüin III. Arnould III. & Baudoüin IV. qui eut pour heritiere Ieanne de Guines ſa fille, laquelle eſpouſa Iean Comte d'Eu, qui eut pour fils & ſucceſſeur, Raoul Comte de Ghiſnes & d'Eu. Et celuy-cy Raoul II. ſur qui le Roy Edoüard II. d'Angleterre conquit le Comté de Ghiſnes, en 1346.

Ce que nos Roys ont approuué par le Traité de Bretigny, comme vne acquiſition legitime, voires glorieuſe, & ſemblable à celle de cette terre que Iacob laiſſa pour preciput, au bien aymé de ſes enfans, parce qu'il l'auoit conquiſe auec ſon arc & ſes fleches.

Par la meſme voye, nos Roys, quand il a plû à Dieu eſtendre

les bornes de leur Eſtat, ont conquis cetté meſme Terre, & ont donné de nouuelles loix, & des eſtabliſſemens extraordinaires à ce nouueau Fief de la Couronne.

Partant c'eſt en vain que l'on veut rechercher l'eſtat où cette Terre eſtoit en 1346. puis qu'il n'y a pas de raiſon de la reſtablir en ce meſme eſtat, plûtoſt que de la reſtablir en l'eſtat qu'elle eſtoit lors qu'elle fut vſurpée ſur l'Abbé de S. Bertin, à qui elle appartenoit, par le plus legitime, & le plus venerable de tous les Titres; ſçauoir, par vne donation pieuſe, faite par des Princes qui s'eſtoient donnez, eux, & leurs heritages, à Dieu, par les mains de cét Abbé.

Et comme les Religieux de S. Bertin n'ont pas abandonné cette pretention, fondée ſur vne Cronique de huit cens ans, & qu'ils l'ont encore depuis peu conſultée au Palais, ſi la Cour authoriſoit cette maxime de reſtablir les choſes en l'eſtat qu'elles eſtoient auparauant les conqueſtes, ce ſeroit vn prejugé formel pour ces Religieux, auſquels il faudroit en conſequéce reſtituer tout le païs de Ghiſnes, à plus forte raiſon que la Baronnie d'Andres, parce que la conqueſte de Sifrid le Danois, a eſté conſtamment bien moins legitime, que celle du Roy Henry II. ny que celle du Roy Edoüard.

Il y auroit encore autant de raiſon de reſtablir les choſes comme elles eſtoient en 660. à la mort du Comte de Ponthieu, ou auparauant ſa conqueſte, & il ſembleroit plus juſte de l'accorder aux heritiers des Seigneurs de Semur, ou de ceux ſur qui ces diuers Conquerans l'ont emporté.

Que ſi cela ne ſemble pas raiſonnable, il ne doit pas l'eſtre d'auantage de reſtablir les Barons & les Pairs, qui auoient eſté conſtituez par ces meſmes Comtes de Ghiſnes, puis qu'ils n'auoient droict que d'eux, qui ont perdu le leur, par les meſmes voyes qui ſont aujourd'huy objectées pour fin de non receuoir au Comte de Broüay.

Quant à ce que l'on dit, que nos Roys eſtoient Comtes de Guines; que les Pairs & Barons dudit Comté eſtoient leurs Vaſſaux; que le Roy en qualité de leur ſouuerain Seigneur leur doit protection; & qu'ainſi, eſtant rentré par la force des armes, dans vn Païs qu'il auoit perdu par la meſme voye, & eux, en meſme temps, dépouïllez de leurs Terres qui y ſont ſcituées, ils y ont deub rentrer auec le Roy , aux mefmes auantages qu'ils y auoient auparauant. Et que s'ils ont attendu long-temps a en faire la demande , ce temps ne leur doit pas eftre objecté , parce que le Vaffal ne peut jamais prefcrire contre fon Seigneur.

Deux refponfes. La premiere , Que la conquefte du Roy d'Angleterre , ayant détruit l'eftabliffement precedent ; & le Traité de Bretigny luy ayant abandonné ce Païs, pour le poffeder en Domaine, c'eft à dire en roture & cenfiue ; les qualitez feodales de Seigneur & de Vaffal , ont efté neceffairement aneanties.

Et le Roy Henry II. eft rentré dans la domination de ce Païs, apres deux fiecles entiers , par vne nouuelle conquefte , qui a eftably vn nouueau droict , lequel ne tient rien de l'eftabliffement ancien. Partant ce n'eft point par vne prefcription de Seigneur contre Vaffal , que le Roy fe trouue Proprietaire incommutable de ce Territoire , mais c'eft par vn droict de guerre & de victoire , de Souuerain contre Souuerain.

Et ainfi, lors que le Roy Charlemagne conquift toute l'Europe fur les Gots & fur les Sarrazins, qui l'auoient conquife fur diuers Princes , & fur diuers Peuples , à qui Dieu auoit enuoyé fes vifites, pour les faire fouuenir de luy ; il ne rendift point ces Eftats à ceux fur qui ces Barbares les auoient vfurpez, mais il en difpofa comme il voulut , & le Pape en eut fa part, que fa Sainteté n'a point trouué raifonnable de reftituer.

La feconde refponfe eft, Que , dans le fait , il ne fe trouue pas veritable que nos Roys fuffent Comtes de Ghifnes , au temps de la conquefte du Roy Edoüard , ny que les Barons , & Pairs de Ghifnes , ayent jamais efté Vaffaux de cette Couronne. Ce qui fera juftifié par l'Abregé & par les preuues de l'hiftoire de Ghifnes, contenus au Chapitre fuiuant.

Que nos Roys n'ont point efté Comtes de Guines , & que les Barons & Pairs dudit Comté ne leur ont jamais rendu hommage.

CHAPITRE II.

La Genealogie, & l'Hiftoire des Comtes de Ghifnes, cy-deuant expliquées, font voir, affez clairement, que nos Roys n'ont jamais efté Comtes de Guines. Car il parroift que ce Comté a appartenu

partenu à diuers Seigneurs particuliers, depuis l'an 928. que Sifrid
le Danois conquift ce Païs, & y baftit la premiere fortereffe, jufqu'en 1346. que le Roy Edoüard l'a conquis fur Raoul II. qu'il
prit prifonnier, & qui deceda fans enfans.

Auparauant la conquefte de Sifrid, ce Païs, fans dignité, fans
Seigneurie, mais feulement en eftat de meftairie, & de paftura-
ges, appartenoit à l'Abbé de S. Bertin qui y auoit vn œconome,
ou vn Preuoft, appellé Vaffal, & Auoüé, ou pour vray dire, Aduocat & Defenfeur.

Les Comtes de Flandres, & ceux de Ponthieu, auoient auparauant poffedé ce mefme Païs, & en auoient les vns donné vne
partie, les autres ofté vne autre, au Monaftere de S. Bertin.

Ainfi jamais nos Roys n'ont efté Comtes de Ghifnes; En effet,
il ne fe trouue aucun hommage qui leur ait efté rendu en qualité
de *Comtes de Ghifnes*, par aucun Baron, Pair, ny Vaffal du
Comté de Ghifnes, non feulement auparauant la conquefte du
Roy Edoüard d'Angleterre; mais mefmes depuis celle de 1557.
faite par le Roy Henry II. & le Comte de Broüay n'en rapporte
aucun rendu ny par fes predeceffeurs, ny par aucun autre Vaffal
dudit Comté, finon ceux rendus depuis le procez, & par les fur-
prifes qui en forment les conteftations.

A l'égard mefmes de l'hommage du Comté de Ghifnes, quelque inclination que l'on ait de fauorifer les droicts de la Couronne de France, l'on ne peut dire qu'il y ait apartenu, de droit bien legitime, & biẽ ancien, fans confeffer que c'eft vne queftion difficile.

Car il eft conftant, par toute l'hiftoire de ce Païs là, que tous
les anciens Comtes de Ghifnes, ainfi que le premier d'iceux, ont
rendu leur hommage au Comte de Flandres, feul, & que le Comté de Ghifnes eftoit l'vne des douze Pairies de Flandres.

Duchefne, qui fauorife la Couronne, tant qu'il peut, demeu-
re d'accord de ces veritez. & qu'encore, en l'année 1192, le Comte
de Flandres ayant affiegé S. Omer, le Comte de Chifnes l'affifta
comme l'vn de fes Vaffaux.

Il eft vray que peu de temps apres ce Siege, & prife de S. Omer,
par le Comte de Flandres, il fe fit vn traitté de Paix, à Peronne,
par lequel Baudoüin Comte de Flandres quitta, au Roy Philippes Augufte, la partie Occidentale de Flandres, laquelle le feu
Comte Philippes luy auoit baillée, pour le dot de la Reyne Elifabeth de Haynaut fa niepce; fçauoir,

Aduocatus.

B

Saint Omer.

Aire.

Arras.

Bapaumes.

Les Comtez de Hefdin & de Lens,
Et les hommages de Boulogne,
de Saint Paul,
de Ghifnes,
Et de l'Ifle.

Ce qui rendit, le Comte de Guines, Vaffal du Roy, plûtoft que de la Couronne de France, pendant fort peu de temps, fçauoir depuis le deceds du Comte Philippes de Flandres, apres lequel la jouïffance du Roy deuoit commencer, jufqu'au trepas de la Reyne Elifabeth, par lequel ces Seigneuries eftant efcheuës à Monfieur Louys de France, il les donna, par fon Teftament du mois de Iuin 1215, à Robert fon fecond fils, fous le titre de Comté d'Artois, & en confequéce Arnoul II. du nom Comte de Ghifnes, & fes fucceffeurs, rendirent hommage au Comte d'Artois, & à fes fucceffeurs, mais auec beaucoup de contradictions & de changemens; comme il femble, contre la Loy des Fiefs, d'aliener les hommages, parce que le Vaffal eft quitte de la foy promife, fi-toft que le Seigneur manque à la protection qui a efté mutuellement, & tacitement ftipulée. Ioint que le Comte Philippes, fe voyant fans enfans, n'auoit pas pû démembrer fon Eftat, pour en donner vne partie en mariage à fa niepce, au prejudice de fon fucceffeur mafle, lequel pouuoit auec raifon alleguer la loy Salique, auffi bien que nous, puis que la Flandres, eftant Pairie de France, fe deuoit gouuerner par les mefmes Loix.

En effet, quelque temps apres le traité de Peronne, le Comte de S. Paul, le Comte de Boulogne, & le Comte de Ghifnes, dont les hommages auoient efté tranfportez, retournerent au feruice du Comte de Flandres leur ancien Seigneur, & l'affifterent en guerre contre le Roy Philippes Augufte.

Surquoy le Roy, eftant entré en Flandres, auec vne puiffante armée, il conquift le Comté de Ghifnes, & le tint en fa main, jufqu'à ce que le Comte Baudoüin, pour fatisfaire au Roy, vint fe rendre prifonnier auec deux de fes fils, en l'an 1203.

Ce qui dura peu, parce que la Cronique de l'Abbaye d'Andres

porte qu'en l'année 1205. le Comte de Ghifnes fut mis hors de la
captiuité du Roy, laquelle il auoit volontairement fubie pour la
deliurance de fa terre. de forte que, fi cette prifon peut paffer pour
le premier homage rēdu à la Couronne, par vn Comte de Ghifnes;
c'eft vn effect des conqueftes de ce Roy Augufte, deuant qui la
victoire marchoit à grands pas.

Depuis, le Comte d'Artois, ayant droict de pretendre cét ho- 1110.
P. 161.
mage, par la voye qui a efté cy-deffus expliquée, il n'en a pas joüy
plus paifiblement, ny à meilleur tiltre: Car, fi le Comte de Ghifnes,
Arnoul fecond du nom, luy fit homage : ce fut parce qu'vn nouueau Comte de Flandres, forty de la maifon de Portugal, ne luy
plaifoit pas.

Mais ce Comte de Flandres fe vangea de ce mefpris, comme de
l'infidelité d'vn vaffal, & n'en fit pas moins que le Roy Philippes
en auoit fait de fa part: Car il rauagea les terres du Comte de Ghifnes, deftruifit fes forterefles de Ghifnes, & de Colewide, & detint
fa femme prifonniere pendant l'efpace de quatre années.

Arnoul, chaffé de fes terres, fe retira à Saint Omer ; puis vint
en France; & en fuitte pafla en Angleterre, auec Monfieur fils aifné
du Roy, qui a efté depuis le Roy Louys VIII. Mathieu Paris écrit 1217.
qu'il tenoit fa Comté de Ghifnes, en fief lige de Monfieur fils
aifné du Roy. parce qu'il eftoit Comte d'Artois, par fa mere ;
Et en confequence il difpofa, eftant depuis Roy, de cét heritage
maternel, au profit de fon fecond fils, comme d'vn bien particulier, qui ne faifoit point partie du Domaine de la Couronne de
France, ny de fon patrimoine, qu'il laiffa tout entier à fon fils aifné,
qui a efté le Roy Saint Louïs.

Baudoüin troifiéme, fucceffeur d'Arnoul Comte de Ghifnes,
qui auoit efté fi bien chaftié par le Comte de Flandres, le recon-
neut pour fon veritable Seigneur, & luy porta fon homage en
l'an 1234. & Du Chefne tefmoigne qu'il figna depuis en diuers 1234.
P. 171.
actes du Comte de Flandres, comme fon vaffal, & l'vn de fes Pairs.
Et mefmes que pour rentrer en fes bonnes graces, il luy ceda les
droicts qu'il auoit de fa mere en la Comté d'Aloft.

Il eft vray que le fucceffeur de celuy-cy eut des fentimens dif-
ferents, & que les derniers Comtes de Ghifnes ont efté tous Fran-
çois. mais ç'a efté par des rencontres particulieres, par des foi-
bleffes déconduite, ou par des alliances à la Cour, & par des actes

B ij

volontaires des Comtes de Ghifnes, faits fans le confentement des
Comtes de Flandres, dont le droiƈt ne peut eftre ainfi deftruit.

1248.   Arnoul troifiéme, en l'an 1248. & en la ville de faint Omer,
confeffa deuoir à Monfieur Robert de France, Comte d'Artois
(qui eft ce fecond fils du Roy Louïs VIII.) quatre homages liges.
à fçauoir, l'vn pour la forterefſe & Comté de Guines.

L'autre pour la Baronie d'Ardres.

Le troifiéme, pour la Chaftellenie de l'Angle.

Et le dernier, pour la terre qu'il auoit à faint Omer.

1282.   Mais cét Arnoul eftoit fi peu capable de commander, qu'en
l'année 1282. fe trouuant chargé de debtes, il vendit au Roy Philippes III. les ville & territoire de Guines, de Montoire, & de
Tournefem ; enfemble toute la terre & Comté de Ghifnes, auec
fes defpendances ; pour trois mil liures parifis, que le Roy promit
payer à diuers termes, & mil liures tournois de rente viagere, auec
Duchefne promeffe de payer fes debtes, dont le Contraƈt fut paffé à Paris
p. 171. au mois de Fevrier.

1283.   Baudouin fon fils intenta procez pour rentrer; & la Cour jugea, au
Parlement de la Touffaints 1283. qu'il n'eftoit pas receuable en fon
aƈtion, d'autant qu'en terre venduë au Roy, le retrait lignager n'a-
uoit point de lieu.

Mais Ieanne de Ghifnes, fille aifnée de Baudouin, ayant efpoufé Iean deuxiefme Comte d'Eu , fils de Iean Comte d'Eu, (qui
eftoit fils d'Alphonfe de Brienne , dit d'Acre, Grand Chambrier
de France , & de Marie d'Yffoudun Comteffe d'Eu fa femme)
ils prefenterent, enfemble, Requefte, au Roy Philippes le Bel
fondée fur ce qu'Arnoul auoit donné fon Comté de Ghifnes, &
autres Terres & Seigneuries, à Baudouin fon Fils, pere de Ieanne,
en faueur de fon Mariage, partant il n'auoit pû depuis les aliener.
Ce qui fut trouué de telle confideration , qu'enfin , par jugement
prononcé l'an 1295, ils obtinrent la reftitution du Comté de Ghifnes & de fes dependances.

Ainfi, quand il fe trouuerroit quelques hommages rendus **au**
Roy, comme Comte de Ghifnes, par les Vaffaux de ce Comté ,
depuis 1282. jufque'en 1295. ils ne feroient pas confiderables, puis
que le Roy n'eftoit lors Comte de Ghifnes, qu'en vertu d'vne aqui-
fition laquelle na point fubfifté.

Mais il ne s'en trouue point, foit, parce que les Barons & Pairs

de Ghifnes n'aprouüerent point cette alienation, qui eftoit vne
marque de la foible conduite de leur Seigneur ; ou autrement , &
qu'ils euffent le cœur Flamand.

A l'efgard des Comtes de Ghifnes, ils deuinrent Courtifans de
France , par cette alliance du Grand Chambellan ; &, comme
c'eftoient des hommes de valeur , & de grands fujets d'honneur
& de dignitez, il y en eut deux, de fuite, Conneftables de France;
ce qui les attacha entierement au feruice du Roy, pluroft par ces
raifons , que pour étre vaffaux legitimes & naturels de la Couronne, à caufe de leur Comté de Ghifnes.

Le dernier d'iceux perdit fa terre , auec fa liberté , par vne victoire que le Roy d'Angleterre remporta fur luy, en 1346. & il fut trois
ans chez les Anglois en prifon, au fortir de laquelle il ne rentra point
dans Calais, ny dans Ghifnes, qui demeurerent au Roy d'Angleterre. Et il fut reduit à venir à Paris, où il fit fi mal fa Cour, qu'il y
eut la tefte tranchée, en 1350.

L'on dit que, par le mefme Arreft qui le condamna à mort, pour
crime de leze Majefté, le Comté de Ghifnes fut reuny à la Couronne, d'où l'on veut conclure que, depuis 1350, le Roy a toûjours
efté Comte de Ghifnes. Ce qui reçoit diuerfes refponfes.

Premierement, il n'y peut auoir de reunion legitime d'vne chofe
qui n'en a jamais efté diuifée ; & d'vne Seigneurie qui n'eftoit pas
vn fief de la Couronne.

En fecond lieu nos Ordonnances obligent nos Roys de donner
les confifcations des fiefs, & de ne les pas apliquer à leur profit,
dont la raifon eft affez importante , pour eftre fouftenuë inuiola-
ble, .

En troifiefme lieu, quelque reunion qui foit prononcée, la terre
reunie n'eft point cenfée faire partie du domaine de la Couronne,
fi les Receueurs n'en ont compté à la Chambre pendant l'efpace
de dix années. C'eft le texte formel du premier article de l'Ordon-
nãce du domaine fait à Moulins. Or il ne fe trouue point que les Re-
ueurs du domaine ayent jamais compté, à la Chambre, du reuenu
de Ghifnes, confequemment l'on ne peut pas dire, fous pretexte
de cette confifcation, & pretenduë reunion, que le Roy ait jamais
efté Comte de Ghifnes.

En quatriefme lieu, il ne fe trouuera, non plus, que cette reunion
ait jamais efté executée, ny eu aucun effet. Que le Roy ait jouy de

ce Comté, ny qu'il en ait receu aucun hommage, aueu, ny dénombrement.

Mais en dernier lieu, cette reünion eſt chimerique, parce que la confiſcation pretenduë n'eſt que de 1350. Or, dés 1346, le Roy d'Angleterre auoit conquis Calais & tout le païs de Ghiſnes, & en jouïſſoit paiſiblement. ainſi c'eſt en vain que l'on auroit reüny, à la Couronne, vne ſeigneurie confiſquée ſur Raoul, qui l'auoit perduë auparauant, & par droit de guerre, qui eſt vn droit legitime & ſouuerain.

1360.

Et, tant s'en faut que l'on puiſſe dire que nos Roys s'en ſoient conſeruez le droit, qu'ils auroient enfin reüny à la poſſeſſion; qu'au contraire, ils ont abandonné, par le Traité de Bretigny, ce païs, au Roy d'Angleterre. & luy ont cedé & tranſporté tout le droit qu'ils y pouuoient pretendre, qui ne pouuoit eſtre que le droit de cette confiſcation; & cette ceſſion faite auparauant la reünion executée, ce qui eſt remarquable. & ainſi nos Roys ſont depuis rentrez en la domination de ce païs, par vn nouueau droit, qu'ils ne tiennent que de Dieu & de leur eſpée, dont ils ont compoſé vn nouueau fief, qui n'eſt plus le Comté de Ghiſnes, ny à raiſon du titre, ny à proportion du territoire. Car le Roy jouyt, aujourd'huy, d'vne partie du territoire où fut autres fois le Comté de Ghiſnes, auec la ſeigneurie d'Ardes, parce que la ville d'Ardes & ſes dependances, auec vne partie de ce Comté, furent conquiſes en 1377. par Charles cinquieſme qui en compoſa ce domaine. Et en 1557. le Roy Henry ſecond ayant conquis Ghiſnes, & le reſte du Comté, enſemble Calais qui n'en fut jamais, le Vicomté de Marq, le Comté d'Oye, & autres Seigneuries, il en compoſa le fief aujourd'huy appellé domaine de Calais. & mit tout en cenſiue, à la reſerue de ce fief du Sieur de Mouchy Senerpont, qui auoit eſté Lieutenant general de l'armée, lors de la conqueſte. partant il ne reſte figure quelconque de l'ancien Comté de Ghiſnes.

GENEALOGIE DES SEIGNEVRS D'ARDES.

La Damoiſelle de Selueſſe eſpouſe. 1. Herebert, dont elle n'eut que des filles.

2. Vn frere du Chaſtelain de Bergues, dont elle eut vn fils.

Arnoul Seneſchal de Boullonois, Seigneur de Selueſſe, & Fondateur de la Ville & Donjon d'Ardes.

Arnoul II. ſon fils fut Seigneur d'Ardes en 1096.

1.	2.	3.
Arnoul III. decedé ſans enfans. tué par ſes gens.	Baudoüin eſpouſa Beatrix de Bourbourg Comteſſe de Ghiſnes. diſputa vainement le droict de l'vſurpateur qu'il auoit luy-meſme eſtably, & mourut ſans enfans.	Adeline d'Ardes eſpouſa Arnoul Seigneur de Colewide & Vicomte deMarq. lequel, à cauſe d'elle, aprés le deceds de ſes deux freres, deuint Seigneur d'Ardes, ſous le nom d'Arnoul IV. & a gouuerné long-temps, auec gloire, & n'ayant, ſur la fin de ſes jours, qu'vne fille, leCôte deGhiſnes, en perſonne, l'a luy vint demander pour ſon fils.

Chreſtienne heritiere d'Ardes, deColewide, & de Marq. eſpouſe Baudoüin, lequel par ce Mariage deuint Seigneur d'Ardes & de Colewide, & Vicomte de Marq, & longues années aprés deuint Comte de Ghiſnes, par le deceds de ſes pere & mere. & ainſi toutes ces Seigneuries ſe trouuerent vnies en la main d'vn Seigneur de la maiſon de Colewide, eſtrangere aux maiſons de Ghiſnes, & d'Ardes, qui ont toûjours eſté deux Seigneuries.

Que la Seigneurie d'Ardes a toûjours esté vne Seigneurie
diferente du Comté de Ghisnes.

CHAPITRE III.

La terre, que Dieu a liurée aux contestations des hommes, n'e-
stoit point autres fois si peuplée qu'elle est aujourd'huy. Tous les
Estats ont eu des commencemens qui justifient cette verité, au particulier de chacun d'iceux. Tesmoin le païs de Flandres, si fertile &
si peuplé, que l'histoire nous aprend auoir esté autres fois vne vaste
forest, réplie de quelques Hameaux de Charboniers & d'hommes
barbares, si bien que nos Roys n'y preposerent que des Verdiers,
ou Maîtres des eaües & forests, lesquels sont deuenus, auec le
temps, des Comtes de Flandres, & de si grands Seigneurs, qu'ils
se sont reuoltez contre nos Princes, & leur ont fait la guerre. Et
nos Roys ont fait des Traitez de paix, auec eux, comme de Souuerain à Souuerain, & n'ont point desdaigné l'alliance de leur Sang,
auec celuy de France, le plus noble du monde.

Pareillement, Le territoire, où se sont depuis establies les Ville,
Forteresse, & Seigneurie d'Ardes, estoit autres fois vne vaste campagne, abandonnée à vn pasturage commun, où il n'y auoit qu'vne
seule maison pour hostellerie des Bergers.

Ardes, au langage du païs, veut dire Pastis. Ce nom est demeu-
ré à la Seigneurie, & par corruption Ardres.

Ce lieu estant depuis deuenu plus considerable par le nombre
des Bergers qui s'y habituerent, & se trouuant apartenir à vne Da-
moiselle appellée Adele de Seluesse, qui estoit heritiere de la terre
de Seluesse, & d'autres grands biens scituez à Bonningues & à
Peuplinghes prés Coquelle, dans le Comté de Ghisnes; le Comte de Guines la voulut marier contre son gré. Ce qui luy fit rechercher la protection d'vn sien Oncle, Euesque & seigneur de Theroüenne, qui la maria à vn Gentilhomme appellé Herebert, lequel
porta son hommage a l'Euesque de Theroüenne, & refusa de le
rendre, ny au Comte de Guisnes, ny au Comte de Boulogne, qui
le desiroient l'vn & l'autre, en telle sorte que l'histoire ne nous
aprend point de qui cette campagne d'Ardes releuoit auant ce
temps là.

Cet Euesque

Cet Euefque augmenta la feigneurie de Herebert fon Neveu,
par le don de diuers villages, & il l'inftitua Pair & Baron de la Cour
Épifcopale de Therouane.

Cette Dame de Selueffe n'euft que des Filles de ce premier
mary.

En fecondes nopces elle efpoufa vn Frere du Chaftelain de Bergues dont elle eut Arnoul Senefchal de Boulenois, qui a efté le
premier Seigneur d'Ardes, parce qu'il fit baftir, en vn lieu efleué
dans cette campagne d'Ardes, vne fortereffe, ou donjon, où il
transfera fa refidence, qui eftoit auparauant au Chafteau de Selueffe, qu'il fit defmolir.

Et pour conuier fes fujets de luy ayder à baftir la ville d'Ardes,
prés de fon Donjon, il ftipula, de Baudouin premier du nom
Comte de Ghifnes, qu'en la ville d'Ardes, il y auroit vn marché li-
bre & franc, dont ils conuinrent moyennant vn boiffeau d'argent
qu'Arnoul donna au Comte de Ghifnes.

Ce n'eft pas qu'il entendit reconoiftre le Comte de Ghifnes
pour feigneur fuzerain d'Ardes. Au contraire il refufa de luy rendre
hommage, & prit, en fief, de Robert Comte de Flandres, cette
nouuelle feigneurie intitulée fon Donjon d'Ardes. Et le Comte de
Flandres luy accorda le priuilege de juger auec les douze Pairs de
Flandres. De forte qu'Ardes a efté vne treziefme Pairrie de Flandres, bien loin d'eftre vne dependance du Comté de Ghifnes, qui
n'a jamais efté autre chofe, que l'vne des Pairries de Flandres.

En effet ce Seigneur d'Ardes inftitua douze Pairs, ou Barons, dé-
pendans de fon Chafteau d'Ardes, bien differens des douze Pairs
& des douze Barons de Ghifnes, & fans doute bien moins confiderables, voires fi peu que l'hiftoire n'en a pas conferué les noms; non
pas mefme celle de Lambert d'Ardes qui eftoit de la maifon. Auffi
la feigneurie d'Ardes n'a jamais efté de l'eftenduë, ny de la confideration de celle de Ghifnes.

Ce méme Arnoul premier Seigneur d'Ardes, en l'an 1069. fonda   1069.
dix Chanoines en l'Eglifes d'Ardes, du confentement de Gautier
adminiftrateur d'icelle, & leur donna les dixmes de Peuplinghes,
de Boningues, & de diuers autres lieux, & l'Eglife de Boningues,
& autres Eglifes.

En l'an 1096. Arnoul fecond feigneur d'Ardes, & fils de ce pre-   1069.
mier, fuiuit le Comte de Flandres, en fon voyage de la terre fainte,

C

auec les autres Pairs & Vaſſaux de Flandres.

Chap. 3.
p. 94.

Et depuis, le Comte de Ghiſnes l'ayant voulu obliger de luy rendre homage, ils eurent guerre, en laquelle le Comte de Ghiſnes
eut d'abord l'auantage, & mit le feu à la ville d'Ardes, mais depuis
il fut repouſſé, & reduit à faire des Treues, qui n'ont point eſté in-
terrompues, ny ſuiuies d'aucun homage.

Chap. 4.

Arnoul III. a ſuccedé à la ſeigneurie d'Ardes, ſans reconoiſtre le
Comte Ghiſnes pour ſon Seigneur.

Chap. 5.

Baudoüin ſon frere luy ſucceda, lequel fauoriſa l'vſurpation d'Arnoul de Gand Comte de Ghiſnes, comme ſon voiſin, & ſon amy,
parce qu'il luy auoit aydé à prendre poſſeſſion d'Ardes, & à venger
la mort de ſon frere. Mais non pas comme ſon vaſſal, au contraire
il changea depuis de party, & enfin ayant eſpouſé Beatrix de Bourbourg Comteſſe legitime de Ghiſnes, il diſputa la Comté de Ghiſnes, à Arnoul, qui ne demeura paiſible que par la mort de Baudoin,
ſans enfans.

Chap. 6.

Alors, Arnoul IV. (qui de ſon patrimoine, eſtoit Seigneur de
Colewide, & Vicomte de Marq, parce que ſon Pere Seigneur de
Colewide auoit eſté créé le premier Vicomte, ou Lieutenant, du
Comte de Ghiſnes, au lieu de Marq, qui eſt au bas païs de Calais,
tirant vers Grauelines) deuint Seigneur d'Ardes, à cauſe d'Adeline
d'Ardes ſon eſpouſe. Et pour n'eſtre point troublé, à ſon auene-
ment, par le Comte de Ghiſnes, qui eſtoit d'ailleurs ſon Seigneur
à cauſe du Vicomté de Marq, il courut d'abord luy rendre homage
de la ſeigneurie d'Ardes. Mais auſſi-toſt qu'il fut eſtably, il s'en deſ-
dit, & alla rendre homage à la Comteſſe de Flandres, en l'abſence
du Comte ſon mary.

Le Comte de Ghiſnes ne s'en offenſa point, & longues années
apres, voyant que le Seigneur d'Ardes n'auoit qu'vne fille ; il fut, en
perſonne, la luy demander en mariage, pour ſon fils, & par ce
moyen les deux ſeigneuries de Ghiſnes & d'Ardes ſe ſont trouuez
en vne meſme main, en l'année 1176. comme les couronnes de
Frãce & de Nauarre ſe ſont trouuées en la main du Roy Henry IV.
ainſi qu'elles auoient eſté autres fois en celles de pluſieurs de nos
Roys, juſqu'à la deſunion qui en fut faite par le decez des Enfans
de Philippes le Bel, ſans Maſles ; au moyen de quoy la couronne
de France paſſa à Philippes de Valois, par la diſpoſition de la loy
Salique, & la couronne de Nauarre paſſa aux Filles de ces derniers

Roys de la ligne du Fils aifné de faint Louys, ou à leurs hoirs de la maifon des Comtes d'Evreux.

L'on peut encores comparer cette vnion, à celle des Royaumes de Caftille d'Arragon, & autres Royaumes, & Principautez que les benedictions du ciel ont vnies, & accumulées, en la Maifon d'Auftriche, pour recompenfer la pieté hereditaire des Princes qui en font yffus.

Mais, pour cela, ces Principautez, & ces Seigneuries, ne font pas, en foy, moins diftinctes les vnes des autres ; en telle forte que cette vnion ne doit point aporter de confufion, aux occafions, comme celle-cy, où les Officiers du Baillage fouuerain d'Ardres ont voulu conuoquer les anciens Pairs & Barons du Comté de Ghifnes, pour tenir les Eftats du Comté de Ghifnes, en la mefme forme qu'ils fe tenoient, auparauant la conquefte du Roy d'Angleterre, arriuée en 1346.

En quoy ils fe trouuent d'autant plus mal fondez, & Iuges incompetans : Que non feulement la ville d'Ardes n'a jamais efté la Capitale, mais, mefmes, elle n'a jamais fait partie du Comté de Ghifnes.

CHAPITRE IV.

Ce qui a efté juftifié dans le Chapitre precedent eft vn grand fondement pour eftablir la propofition de celuy-cy. Car, fi la ville d'Ardes n'a jamais efté le Siege de la Iuftice du Comté de Ghifnes, Il s'enfuit que les Officiers de cette ville n'ont pas eü de droict ny de pretexte de connoiftre de la proprieté de la Baronie d'Andres, ny de celle de la Mothe, non plus que de tous les autres fiefs releuans du Comté de Ghifnes, au temps paffé.

Ainfi, il ne refte que de prouuer que la Paroiffe d'Andres, en laquelle les Baronies d'Andres & de la Mothe eftoient fcituées, ainfi que les Paroiffes de Campagne & de Balinghen, où ces Baronies fe pouuoient eftendre, eftoient du Comté de Ghifnes, ce qu'il eft tres-facile de prouuer.

Car la Cronique de Lambert d'Ardres, & toutes les autres, dont

Mᵉ André Duchefne a compofé fon Hiftoire de Guifnes, difent vnanimement, que le Baron d'Andres, le Baron de la Mothe, & celuy de Balinghen, ainfi que le Seigneur & Pair de Campagnes, eftoient des Vaffaux, Barons & Pairs du Comté de Ghifnes. & il ne fe trouue point qu'ils ayent jamais efté vaffaux de la Seigneurie d'Ardres.

Cette verité fe confirme par les extraits des regiftres du Baillage d'Ardres, lefquels font rapportez par le Comte de Broüay, où il fe voit que les Officiers d'Ardres ayant voulu imiter en 1561, & en 1597, ces anciennes conuocations des Barons & Pairs du Comté de Ghifnes; Ils ont appellé l'Abbé d'Andres, en qualité de Baron d'Andres, & de fecond Baron de Ghifnes. en cinquiéme lieu, le Baron de Balinghen. & au dixiéme rang, le Baron de la Mothe d'Andrennes.

En quoy il paroift qu'ils ont entrepris de faire vne chofe dont ils n'auoient point de titres, ny de fideles memoires; car toutes les Croniques de Ghifnes pofent vnanimement l'Abbé d'Andres au premier rang des Barons de Ghifnes. Balinghen au fecond, & la Mothe au vnziéme. & les roolles du fiege d'Ardres fe contredifent eux-mefmes, celuy de 1597 ne fe trouuant pas dans le mefme ordre de celuy de 1561.

Mais pour connoiftre clairement que les Paroiffes d'Andres, de Balinghen & de Campagne font de la Iurifdiction du Siege de Calais, & non point de celuy d'Ardres. & cela mefmes depuis la colonie & le nouuel eftabliffement apporté depuis la derniere conquefte de ce païs. Il ne faut que lire le Procez verbal de la redaction, ou pour mieux dire de l'inftitution, ou promulgation de la Couftume de Calais, parce que c'eft vne loy nouuelle, bien differente de celles du païs, & en effet la Couftume de Paris tranfcrite.

Dans ce Procez verbal, il fe voit que les deputez des habitans de ces Paroiffes ont affifté à l'affemblée tenuë à Calais, pour receuoir les loix qui leur eftoient ordonnées par vn nouueau Seigneur. A cét effet eft à remarquer que le Roy Henry II. leur auoit donné d'abord, pour loy, la Couftume de Paris, & qu'elle ne fur redigée & publiée auec folemnité à Calais, que fous le Roy Henry III. en cette affemblée de 1583, où les Officiers d'Ardres comparurent, fans contefter la Iurifdiction des Officiers de Calais, concernant ces Paroiffes, ny autres. Ceux de Boulogne tefmoignerent

bien quelque pretention, en effet quelques-vns difent, que Calais
fut autresfois du Comté de Boulogne, & non du Comté de Ghifnes, & il y en a des preuues affez fortes (tant ces Seigneuries ont
receu de changemens & d'alteration de temps en temps,) mais, à
l'égard des Officiers d'Ardes, ils n'oferent jamais refmoigner la
moindre proteftation que les anciennes Baronies de Ghifnes fuffent de leur reffort.

Auffi n'ont-ils pas fujet de fe plaindre : Car, non feulement ils
jouïffent du reffort de l'ancienne Seigneurie d'Ardes, mais encores ils jouïffent d'vne partie du territoire de l'ancien Comté de
Ghifnes, & de quelques vnes des anciennes Baronies.

Dont la caufe doit prouenir de ce que nous apprenons du premier volume de Froiffard, qu'en l'an 1377. le Roy Charles V.
conquift la Ville & Seigneurie d'Ardes, & vne partie du Comté
de Ghifnes, & n'ayant pû reüffir, de mefme pour le furplus, les
Officiers de Ghifnes ne purent eftre reftablis; & ceux d'Ardes,
prenans leurs auantages, jouïrent de la Iurifdiction de cette partie
du Comté de Ghifnes, deftituée de fa Capitale, & l'annexerent,
par droict de bien feance, à la Iurifdiction de la Seigneurie d'Ardes; s'ils n'en ont quelque attribution du Roy, & quelque ere-
ction faite en ce temps là, de leur Siege, qu'ils qualifient Bailliage
Souuerain, lequel ils doiuent faire voir, & leur tiltre fera contre-
eux, au fujet en queftion, parce que les Paroiffes d'Andres, de
Balinghen, & de Campagnes, ne s'y trouueront point comprifes,
& ne peuuent l'auoir efté, parce qu'elles n'ont efté conquifes, auec
Ghifnes & Calais, que cent quatre-vingts ans aprés la conquefte
d'Ardes de 1377 ; fçauoir en 1557. auquel temps le Roy Henry II.
pour le territoire de fa nouuelle conquefte, eftablit vn Siege à
Calais, auquel il attribua la Iurifdiction de la ville de Calais, &
des Paroiffes de Ghifnes, d'Andres, de Campagnes, de Balinghen,
d'Hermelinghen, de Marq, d'Oye, & autres. Et ainfi, ces deux
differentes Iurifdictions eftablies conformement à ces deux diuerfes Conqueftes, font certaines & manifeftes. & il fe voit clairement que les Paroiffes, en queftion, font du Siege de Calais, &
non de celuy d'Ardes. & que les Officiers d'Ardes n'ont aucun
droict de conuoquer les Eftats de Ghifnes, ny de faire appeller
tous les anciens Barons de Ghifnes, fur tous ceux d'Andre & de
la Mothe, qui ne font point, & n'ont jamais efté de leur reffort.

*De la différence de la Baronie d'Andres, & de la Baronie de la
Mothe les Andres.*

CHAP. V.

IL est encores aussi facile de montrer, que non seulement le
Comte de Broüay, & ses autheurs, ont voulu ressusciter vne
Baronie esteinte, & dont il y a apparence que ses ancestres (s'il est
vray qu'il descende de Florent & Baudoüin de la Mothe) ont esté
recompensez, lors du traïté de Bretigny ; aussi bien que le Baron
de Hames, de qui nous ne l'apprenons que par vne confession for-
cée, qu'il a faite és lettres par luy obtenuës pour rentrer en la terre
de Hames, & en celle de Sangatte, en rendant ce qui auoit esté
donné pour recompense à ses ancestres.

Mais de plus, que le Comte de Broüay, adjoustant aux artifices
de son ayeul, a surpris la religion de la Cour, pour se faire adjuger,
au prejudice du sacré Domaine de la Couronne, outre la Baronie
de la Mothe, celle d'Andres, & tout le territoire & les dixmes ou
champarts de la Paroisse d'Andres.

Et pour cela il faut esclaircir les differences des anciennes Baronies d'Andres, & de la Mothe les Andres ; tant par les monu-
mens de l'Histoire, que par les propres pieces que le Comte de
Broüay a representez, pour tiltres, au Conseil de la Reyne Mere
du Roy.

Premierement, toutes les Croniques de Ghisnes posent l'Abbé
d'Andres, pour Seigneur d'Andres, premier Baron de Ghisnes, &
justifient que cette Abbaye fut fondée en l'an 1065. par Baudoüin
premier Comte de Ghisnes ; consequemment le Comte de Broüay
ne peut pas dire qu'il descende des Barons d'Andres, ny qu'il ait
droict d'eux : Car cette Abbaye subsiste encores ; c'est à dire le
Conuent des Religieux transferé en la ville de Boulongne. lesquels à la verité ne pretendent rien à la Baronie d'Andres, ny
aux biens qui despendoient autresfois de ce fief ; parce que ces anciens establissemens sont destruits par les conquestes cy-dessus expliquées. mais si quelqu'vn auoit droict d'en rechercher l'ancien
estat, & d'en vendiquer la proprieté, ce seroient cét Abbé & ces
Religieux, & non pas le Comte de Broüay.

Ce n'est pas qu'il soit certain que l'Abbé d'Andres ait esté Seigneur d'Andres, ny premier Baron de Ghisnes, dés le temps de la

fondation de fon Abbaye, qui ne fut d'abord qu'vn Prieuré. ny
que nous fçachions parfaitement de quelle forte cette Baronie luy
a efté donnée.

Car il fe voit que depuis l'an 1065 qui eft le temps de cette
fondation, il y a eü d'autres Seigneurs lefquels ont pris la qualité
de Barons & de Seigneurs d'Andres.

Mais le Comte de Broüay ne dit pas, & ne peut pas dire qu'il
defcende de ces Seigneurs, & le Seigneur de Wailly, Seigneur de
Hames, y feroit peut-eftre mieux fondé.

Car Duchefne, qui a compilé ces Croniques, tefmoigne qu'en-
uiron l'an 1150. Henry de Campagnes fe difoit Seigneur d'Andres,
& fon frere, Baudoüin de Campagnes, Seigneur de Hames. que ce
Henry de Campagnes Seigneur d'Andres n'eut qu'vne fille, Adelis de Campagne, qui efpoufa Raoul de Fiennes Seigneur de Fla-
mefelle, auquel elle apporta en dot la Seigneurie d'Andres. mais
elle deceda deuant luy fans aucuns enfans. Surquoy il y a lieu de
prefumer qu'elle laiffa fa terre à l'Abbaye d'Andres (comme fai-
foient en ce temps-là, la plufpart de ceux qui mouroient fans enfans, particulierement les femmes) parce que fon mary a deub
rendre la Seigneurie d'Andres, puifque c'eftoit le dot de fa femme
decedée auant luy fans enfans. & fi elle luy eftoit demeurée, elle
appartiendroit aujourd'huy à la maifon du Comte de Fiennes, &
non pas à celle du Comte de Broüay : Car d'ailleurs, il paroift que
cette Seigneurie d'Andres n'a point paffé aux heritiers du fang
d'Adelis de Campagnes. puifque Duchefne adjoufte qu'vne fœur
de Raoul de Fiennes efpoufa Baudoüin Seigneur de Hames, dit
de Campagnes, frere de Henry de Campagnes Seigneur d'Andres.
duquel mariage fortirent Euftache, Enguerran, & Baudoüin de
Hames, autrement appellez de Campagnes. Et qu'Huftache de
Campagnes fucceda à fon pere en la Seigneurie de Hames. mais
nulle mention de la Seigneurie d'Andres. En tout cas, il eft dit,
que celuy-cy n'a eü que des filles, dont l'aifnée Eufemie de Hames
eft nommée auec luy en plufieurs chartes qu'il octroya à l'Abbaye
d'Andres és années 1210. & 1216. & autres, qui peuuent eftre des
dons de cette Seigneurie, ou de portions d'icelle.

Mais il y a plus d'apparence que la Seigneurie d'Andres a efté
donnée à l'Abbé du mefme lieu, par Adelis de Campagnes, au
prejudice de Baudoüin de Campagnes, Seigneur des Hames fon

oncle , parce que du Chefne dit (au Liure fecond , Chapitre cinquiéme)qu'Arnoul premier du nom Comte de Ghifnes, protegea l'Abbé d'Andres , contre Baudoüin de Hames, autrement dit de Campagnes, frere de Henry de Campagnes Seigneur de la terre d'Andres, qui, mourant, laiffa vn fils en bas âge, dont la tutelle fut occupée par le frere, contre le gré de la mere. Ce qui, joint à fon Alliance, auec la fœur du Seigneur de Fiennes, & à la faueur du Comte de Flandres, luy hauffa tellement le courage, que, malgré la protection du Comte de Ghifnes, il contraignit l'Abbé d'Andres de fe retirer en Poictou.

Le fujet de cette grande colere n'eft point expliqué, Mais, dans le doute, l'on ne peut pas prefumer que ce fuft pour autre chofe finon pour la Seigneurie d'Andres.

Il paroift d'ailleurs, que le fucceffeur de ce Baudoüin Seigneur de Hames a eu d'autres fentimens, parce qu'il fe void vne donation de la dixme de Holdrequen , faite en l'an 1224. à l'Abbaye d'Andres, par Euftache fils aifné de ce Baudoüin.

Et il paroift encores que les Comtes de Ghifnes , qui auoient leur fepulture en cette Abbaye, ont pris foin de luy attribuer toutes les portions de cette Seigneurie ; par le Teftament de Baudoüin premier du nom, Comte de Ghifnes, où il fe void qu'en la mefme année 1224. il donna, à l'Abbaye d'Andres, dix liures de rente , à affeoir fur la terre qu'il auoit acheptée d'Alienor d Andres , fille puifnée de Henry de Campagnes.

Et par ce mefme Teftament, le Comte de Ghifnes laiffa à André de la Mothe (qui deuoit eftre quelqu'vn de fes principaux Officiers, parce qu'il le nomme le premier, apres ceux de fon Sang, & auparauant fon Secrataire, dit Clerc,) le bois qu'il auoit achepté de Guillaume de Ghen.

Auffi Lambert d'Ardes dit que Baudoüin Bochard Seigneur d'Andres, lors de la fondation de cette Abbaye, en 1065, contribua vne partie du fonds qui luy appartenoit.

Ainfi il eft conftant que l'Abbé d'Andres, dés le commencement a efté Seigneur d Andres en partie, & que le furplus luy a efté depuis accordé par diuerfes liberalitez.

Enfin, le Comte de Broüay , ny les Officiers d'Ardres ne peuuent pas contefter ce faict, puis que l'extraict des Regiftres du Baillage d'Ardres, que le Comte de Broüay rapporte , fait voir

qu'en

qu'en l'an 1561 le Bailly d'Ardres a fait appeller Pierre Marchand, en qualité d'Abbé & de Baron d'Andrennes, & en 1597. Noël Fourdinier, és mefmes qualitez.

Et par les mefmes extraicts, il fe void qu'Oudard de Renty a efté appellé en qualité de Baron de la Mothe d'Andrennes, en l'année 1561 & qu'en l'année 1597. Gafton de Spinola a efté appellé en la mefme qualité.

Partant ce font deux Seigneuries & Baronnies differentes, & c'eft à celle-cy feule qu'Oudard de Renty a pretendu droict, & non en celle d'Andres, laquelle il n'a jamais demandée, ny pris qualité *de Baron d'Andres*, non plus que fes predeceffeurs pretendus, mais feulement celle de *barons de la Mothe* fimplement, ou de la Mothe d'Andrennes, ou de la Mothe lés Andrennes, ou en Andrehen.

A ce fujet, eft à remarquer que tous les titres du Comte de Broüay confiftent en neuf pieces.

La premiere de l'an 1275, eft vne lettre d'Arnould Cuens de Ghifnes, qui defcharge, du droict de fes Moulins & de fa Iuftice, les hommes de Baudoüin de la Mothe, fon homme & Baron de la Terre de Ghifnes.

Le mot d'Andres ny d'Andrennes n'eft point en toute cette piece, elle n'eft point fignée, & pour fceau il y a vn morceau de toille neufue, dans lequel il y a de la poudre coufuë.

La feconde de l'an 1311. eft vne lettre pattente de l'Abbé de l'Eglife d'Andrennes, par laquelle il declare vne tranfaction faite entre luy & Baudoüin, Cheualier Seigneur de la Mothe, pour vn cours d'eau.

Ce qui ne peut juftifier autre chofe, finon que les Baronnies d'Andres & de la Mothe eftoient voifines, ce qui eft veritable. En effet cette Mothe fe trouue encores en la Parroiffe d'Andres, & elle eft mentionnée dans le Papier Terrier du Domaine de Calais, fait en 1583. comme eftant fituée en la Parroiffe d'Andres.

La troifiéme de 1337. eft la fondation d'vne Chappelle par Baudoüin de la Mothe. ce qui ne conclud rien à noftre fujet, car Baudoüin de la Mothe ne fe dit pas Baron d'Andres.

La quatriéme non fignée, ny feellée, eft vn memoire, en forme de papier ceuilloir, des rentes de la Mothe d'Andrennes, de

Courtebourne , & de Kerkamp , qui eſtoient trois Seigneuries differentes , qui appartenoient à Florent de la Mothe.

Il ne s'agit point des deux dernieres , & quoy que la Seigneurie de Courtebourne ſoit vne autre ancienne Baronnie de Ghiſnes , où le Comte de Broüay pourroit auoir meſme pretention , toutesfois il ne l'a demande pas. Quand à la premiere , qui , par les precedens titres , eſt appellée la Mothe , ſimplement eſtant icy appellée la Mothe d'Andrennes ; Cela juſtifie qu'elle eſt ſituée dans la Parroiſſe d'Andrennes , mais non pas que ce ſoit la Baronnie d'Andrennes ; ce qui eſt confirmé plus clairement par aucunes des pieces ſuiuantes.

La cinquiéme de 1353. eſt vn Acte , par lequel Florent de la Mothe donne en fief , certaines terres , à vn nommé Iean le Coq. ce qui ne juſtifie rien de ce qui eſt conteſté.

La ſixieſme , eſt la copie d'vn Acte de dénombrement pretendu fourny , l 27. Ianuier 1495 par Iacques Apleman , pour vn Fief tenu de Meſſire Oudard de Renty , à cauſe de Dame Bonne de Norqueline ſa femme , mouuant de *la Terre de la Mothe en la Parroiſſe d'Andrehen*.

Et pour vn autre fief tenu d'vne autre Seigneurie appellée la Regale , ſitué en la meſme Parroiſſe d'Andrehen , & ce à deux hommages.

Cette piece n'eſt ny ſignée ny ſcellée , & ne peut faire aucune foy , en la forme qu'elle eſt repreſentée , pour eſtablir la pretention du Comte de Broüay , mais elle eſt ſuffiſante pour juſtifier qu'Oudard de Renty qui l'a fabriquée , & qui eſt le premier Autheur de l'vſurpation & de la ſurpriſe dont il s'agit , n'a jamais pretendu la Baronnie d'Andres , mais ſeulement la Baronnie de la Mothe , ſituée en la Parroiſſe d'Andres , & le Fief de la Regale ſitué en la meſme Parroiſſe.

La ſeptiéme chiffrée du 18. Octobre 1503. eſt vn memoire non ſigné , des Fiefs pretendus appartenir à Oudard de Renty , à cauſe de ſa femme.

Ce Memoire eſt tout remply des Fiefs & teneures des Seigneuries d'Embry , & autres deſnommez au titre de ce Memoire , où il n'eſt aucunement parlé de la Baronnie d'Andres , ny de celle de la Mothe.

Mais, en la derniere page de ce Memoire, il y a vn petit Chapitre, intitulé,

*Benlinghen les Quelines, tenu de la Seigneurie de la
Mothe d'Anderne.*

Confiftant en 4. articles.

1. Loüis de Rebecque Efcuyer, tient vn Fief gifant audit lieu de
Benlinghen, qu'il tient de mondit Seigneur d'Embry, à caufe
de la Seigneurie *de la Mothe lez Andrehen.* Et fe comprend en
18. ou 20. mefures de terre ahannable, dont il eft deub relief,
quand le cas échet.   16. fols dix deniers.

Apres ce premier article eft ce titre peu relatif au furplus.

Andrehen, & la Mothe d'Andrenne.

Apres fuiuent les 3. autres articles.

2. Baudrain de la Louue tient, à caufe de la Seigneurie & Baronnie d'Andrennes, deux fiefs. L'vn, contenant 18. mefures
quarante perches.

3. Et l'autre fix mefures, gifant au dixmage de *Landrethun lez
Audrenes,* Relief de 8. f. 6. deniers.

4. Releue encores vn autre Fief contenant neuf mefures de
terre, gifant audit lieu, tenu comme deffus au prix des 8. f. 6. d.

Le tout defdites mefures,   LXXII. fols.

Ce Memoire ne peut faire voir autre chofe, finon que la Baronnie de la Mothe ne valoit pas fept francs de rente, & que le
peu de terres qui en releuoient, eftoient fituées en diuerfes Parroiffes, tant à Andres, qu'à Balinghen, & autres : & que cela n'a aucun rapport auec la Baronnie d'Andres, ny auec la cenfiue, & la
dixme de la Parroiffe entiere d'Andres, dont la Reyne joüiffoit auparauant que le Comte de Broüay en euft pris poffeffion, fans oüir
ny appeller aucun des Officiers de fon Confeil.

Car cette cenfiue monte à prés de cinq cens liures, & la dixme
à deux mil liures de rente, année commune, fans les lots & ventes ; ce qui monte enfemble à quatre mil liures de rente, le tout
fitué en la feule Parroiffe d'Andres, & qui comprend non feulement la partie que cette petite Seigneurie de la Mothe auoit fituée
en la Parroiffe d'Andres, mais auffi le fonds de la Baronnie d'Andres, & de tous les autres Fiefs qui pouuoient eftre fituez en cette
Parroiffe, comme il eft conftant que les Fiefs ne fe terminent pas
felon les bornes des Parroiffes.

La huitiéme piece du Comte de Broüay, de l'an 1561. eſt le Roolle extraict du Baillage d'Ardres, où il ſe void que les Officiers d'iceluy, voulans deſlors fauoriſer le deſſein formé par Oudard de Renty, firent vne premiere, & inoüye, conuocation en leur Siege, des 12. anciens Barons de Ghiſnes, & entr' eux d'Oudard de Renty, en qualité de Baron de la Mothe, & non pas de Baron d'Andres.

La neufiéme, du 19. May 1562. eſt le Teſtament de cét Oudard de Renty Seigneur d'Embry, de Broüay, de Quienuille, de Guilhen, à quoy il adjouſte, & de la Mothe d'Andrehen, mais non pas Baron, ny Seigneur, d'Andres, ny d'Andrehen, & ce, tout à la fin, comme vne pretention, pluſtoſt qu'vne Seigneurie effectiue. Auſſi ne ſe trouue-t'il pas qu'il en ait jamais joüy, ny aucun de ſes Succeſſeurs.

Voila tous les Titres du Comte de Broüay, qui juſtifient, non ſeulement les differences de la Baronnie d'Andres, & de la Baronnie de la Mothe : mais auſſi que les Autheurs du Comte de Broüay n'ont jamais pretendu la Baronnie d'Andres, mais ſeulement la Baronnie de la Mothe.

Que le Comte de Broüay n'a point le droict des anciens Barons de la Mothe.

CHAP. VI.

PAr le Chapitre precedent, il a eſte monſtré clairement que le Comte de Broüay ne peut jamais pretendre à la Baronnie d'Andres, à moins que d'eſtre Abbé d'Andres ; Mais, il eſt auſſi conſtant qu'il n'a non plus de droict en la Baronnie de la Mothe, qu'en celle d'Andres. Car, outre qu'il n'y a pas d'apparence de reſſuſciter ces Fiefs amortis par la conqueſte de 1346. & par le Traitté de Bretigny, & que l'exemple de l'Abbé de Saint Bertin, & de l'Abbé d'Andres, deuroient impoſer ſilence au Comte de Broüay, parce que, là où des Moines ſe taiſent, il ne ſied pas bien à vn Gentil-homme de faire vn Procez.

D'ailleurs, & dans le faict, le Comte de Broüay ne juſtifie point qu'il deſcende des anciens Barons de la Mothe, non plus que des Barons d'Andres.

Il iuſtifie bien qu'il y a eu des Barons de la Mothe : Il fait aſſez voir qu'en 1275. & depuis, jusqu'en 1343. il y a eu vn Baudoüin de la Mothe, & vn Florent de la Mothe, qui eſtoient Seigneurs & Barons de la Mothe, & qui, en cette qualité, ont eu differend auec les Abbez d'Andres.

Mais il ne juſtifie pas qu'il deſcende, ny qu'il ait droict, ou cauſe, de ces Baudoüin & Florent de la Mothe. Il ne s'en void rien par l'extraict de ſes Titres, fidellement expliqué au Chapitre precedent.

L'on veut bien croire (quoy qu'il ne ſe juſtifie pas) qu'il eſt petit fils de Gaſton de Spinola, & que Gaſton de Spinola auoit épouſé l'heritiere d'Oudard de Renty, mais qu'Oudard de Renty fut heritier de Baudoüin & de Florent de la Mothe, c'eſt ce qui ne ſe void point, & qu'il ſeroit d'autant plus neceſſaire de juſtifier, prealablement, & pour donner couleur à la pretention dont il s'agit ; Que la poſſeſſion du Roy d'Angleterre, & le nouuel eſtabliſſement du Traité de Bretigny, auquel les heritiers de ces Seigneurs de la Mothe ont acquieſcé par leur ſilence, ſe trouue dans cét interualle. Car, pour reſſuſciter le droit de ces perſonnes decedées, il y a ſi long-temps, & auparauant vne telle reuolution, Il faut faire voir clairement que l'on eſt leur heritier, ou ayant cauſe.

Et le Comte de Broüay ne peut pas dire que ſes Titres ont eſté perdus par la guerre de l'Anglois, car il en rapporte de plus anciens. Et puis qu'il rapporte les titres de Florent & de Baudoüin de la Mothe, il pourroit bien rapporter ceux de leurs Succeſſeurs.

Il ne peut non plus dire que ſes Autheurs n'ont point joüy pendant la detention de l'Anglois, car les Actes qu'il rapporte de 1353. de 1495. & de 1503. ſont de ce temps-là, & precedent la Conqueſte de Henry II. & il ne ſçauroit faire voir qu'il en ait fait autant depuis 1557. ny aucun acte de joüiſſance effectiue.

Cette Bonne de Nortqueline, épouſe d'Oudard de Renty, laquelle on dit luy auoir apporté, en dot, ces Seigneuries, n'a point de rapport auec Baudoüin ny Florent de la Mothe, &, juſqu'à ce que le Comte de Broüay en juſtifie la deſcente, ſa pretention n'a pas, ſeulement, d'apparence, pour la Seigneurie de la Mothe. Et encores moins pour celle d'Andres, à laquelle Oudard de Renty n'a jamais penſé.

www.ingramcontent.com/pod-product-compliance
Lightning Source LLC
LaVergne TN
LVHW022336170726
843503LV00008B/3385